# 春秋时期齐国对外关系政策研究

张 鑫 著

团结出版社

© 团结出版社，2024 年

图书在版编目（ＣＩＰ）数据

春秋时期齐国对外关系政策研究 /
张鑫著 . 一北京：团结出版社，2023.12

ISBN 978-7-5234-0600-7

Ⅰ.①春… Ⅱ.①张… Ⅲ.①中国历史－研究－齐国（前 11 世纪 －前 221）

Ⅳ.① K231.07

中国国家版本馆 CIP 数据核字 (2023) 第 208405 号

责任编辑：韩　旭
封面设计：王　硕

出　版：团结出版社
　　　　（北京市东城区东皇城根南街 84 号　邮编：100006）
电　话：（010）65228880　65244790
网　址：http://www.tjpress.com
E-mail：zb65244790@vip.163.com
经　销：全国新华书店
印　装：武汉鑫佳捷印务有限公司

开　本：170mm×240mm　16 开
印　张：12.5　　　　　　　　字　数：163 千字
版　次：2024 年 1 月第 1 版　　印　次：2024 年 1 月第 1 次印刷

书　号：978-7-5234-0600-7
定　价：68.00 元

# 目 录

# 绪　论

## 一、本书的选题意义

春秋时期是中国历史文明进程中的一个极其重要的过渡时期，王纲解纽，宗法崩塌，西周以来的统治秩序逐渐瓦解，而新的秩序尚未架构。在这样一个大变革、大动荡的时代，周室衰落，诸侯争相奋起，逐渐成为春秋历史发展的主角。为了扩大自身政治影响力甚至争夺霸权，各诸侯国纷纷从本国的实际出发，对内谋求发展增强国力，对外加强对外关系攻势，制定具有针对性的对外关系政策，开展全方位的针锋相对的对外关系活动。身处在春秋乱世的齐国，从春秋初期的诸侯大国逐渐崛起为强国继而称霸中原，而霸权衰微之后又能稳固自己的大国地位，在这一过程中我们不难看出，其对外关系思想和对外关系政策及其指导下的对外关系实践在其跌宕起伏的发展过程中起到了至关重要的作用。

春秋时期齐国对外关系政策在齐国处理对外关系中发挥着重要的指导作用。对外关系是国与国之间沟通、联系的桥梁和纽带，而对外关系的好坏直接影响国与国之间的相处状态。尤其处于乱世之春秋，处理好国际关系就显得更加重要。对齐国而言，想要在春秋诸侯争霸的时代背景下跻身前列并谋求霸业，在自身发展强大的基础上，要结合国内外的发展形势不断调整自身的对外关系政策，必须要重视并发挥对外关系政策在处理对外关系中的指导作用，这样才能足够应对复杂多变的诸侯关系，使齐国在春秋的历史舞台上占有一席之地。从长远来看，对于齐国的长治久安都具有十分重要的作用。

春秋时期齐国对外关系政策是齐国春秋历史不可分割的重要组成部分。春秋时期的齐国，始终是以大国的姿态贯穿春秋历史，除了内政改革等的因素外，对外关系上的成功也发挥了不可替代的作用。透过齐国对外关系政策，我们能窥探出齐国历史的兴衰变迁。通过齐国对外关系政策的强势或保守，我们能看出齐国的兴盛或衰败；通过齐国对外关系人物的更替，我们能看出齐国用人制度和官制的变化；通过齐国对外关系礼仪，我们能看出齐国文化的变迁；等等。可见，春秋时期齐国的对外关系政策可谓是春秋齐国历史发展的一个缩影，是研究春秋时期齐国历史的重要组成部分。

春秋时期齐国对外关系政策，是在春秋大变革、大动荡的时代背景之下的产物，它凝结了齐国在春秋各个阶段的对外关系思想，指导了齐国的对外关系活动和对外关系实践。研究春秋时期齐国对外关系政策，对我们更深入地研究齐国历史和春秋对外关系史都有很大的帮助。

目前，学术界有很多关于春秋时期整体对外关系的研究课题与文章，而很少看到有对春秋齐国对外关系进行专题研究的学术成果，而针对春秋时期齐国对外关系政策的研究就更是凤毛麟角。为对这一部分缺失的历史研究做一些有益的补充，故而本书在研究文献史料、继承前人成果的基础上，对春秋时期齐国对外关系政策这一课题做进一步的研究，对齐国对外关系思想和对外关系实践进行系统的整理和全面的概括，并在此基础上总结升华出春秋时期齐国的对外关系政策，这有很大的研究价值。

研究春秋时期齐国对外关系政策，无论是对当时历史还是对现代社会，都具有很大的借鉴和启示意义。

其一，通过对齐国政策和实践进行系统地梳理和全面的概括，能够对春秋时期齐国的对外关系历史有一个整体的掌握，对于进一步研究春秋时期齐国历史打下坚实的基础。

其二，春秋时期齐国对外关系政策是春秋时期诸侯国对外关系的重要组成部分。深入研究春秋时期齐国对外关系政策，理清齐国对外关系的发展思路，若进一步向外延伸，对春秋战国时期对外关系史的研究都具有很大的帮助。

其三，对春秋时期齐国对外关系政策进行系统全面的研究，能大力推动挖掘和阐发春秋战国时期乃至中国古代的对外关系思想，更重要的是能够让古代的对外关系智慧为当下所用，为我国对外关系提供有益的借鉴和启示。

## 二、研究现状综述

春秋以降各朝各代，直至近现代，学术界对春秋时期齐国对外关系的整体性研究颇多，而对春秋时期齐国对外关系的针对性研究相对较少，就更不要说是对春秋时期齐国对外关系政策的专门性研究了。所以，要想对春秋时期齐国对外关系政策这一课题有所突破，就必须要在前人著作及研究成果的基础之上，对这一课题做进一步深入细致的挖掘和探索，以求从中理清春秋时期的齐国对外关系政策。

### （一）春秋时期齐国对外关系的整体性研究

春秋时期齐国对外关系政策的史实记载很大程度上不是以独立的典籍或是史书典籍中的独立章节存在，而是镶嵌在了历史文献资料中的角角落落，因此，欲对春秋时期齐国对外关系政策进行针对性的研究，必须先从整体性研究入手。

相关的古代典籍整体记载了春秋时期各诸侯之间交互来往的史实资料，对

3

春秋时期诸侯各国对外关系多有整体论述，其中多有涉及到齐国的对外关系史实。先秦两汉典籍浩如烟海，与对外关系相关的史著颇多，如《春秋》《左传》《穀梁传》《公羊传》《论语》《孟子》《国语》《管子》《晏子春秋》等，这些著作对齐国的对外关系史实都有大量记载。其中，《左传》是研究齐国对外关系的经典之作；西汉史学家司马迁的《史记》集百家之长，数列西汉初期之前的历史史实，其中的《周本纪》等本纪、《齐太公世家》等世家、《封禅书》等书、《管婴列传》及《货殖列传》等列传，都对春秋齐国对外关系有详细记载；西晋杜预《春秋左氏经传集解》①一书对《春秋》《左传》中诸侯间的对外关系原则和对外关系礼仪等进行了详细的整理、分类及考证，对春秋对外关系问题进行了系统研究；明清之际顾炎武《日知录》②对春秋时期不同的对外关系背景进行整理研究，并对对外关系理论进行了深入分析；清代学者顾栋高《春秋大事表》③及高士奇的《左传纪事本末》④对与之相关的文献史料进行了重新整理、分类和归纳，对春秋对外关系问题研究作出了很大贡献；等等。这些历史古籍文献举不胜举，都为我们对春秋时期齐国对外关系政策进行深入研究提供了重要依据和借鉴。

近代以来，史学界涌现出了大量的关于春秋对外关系的学术著作或是学术论文，其中大多是对古代论著的注疏和再整理，也有许多新的创造性的成果，这些对我们研究春秋时期齐国对外关系政策都有很大的帮助。

杨伯峻的《春秋左传注》⑤，是近代以来研究左传的大作，它将《春秋》经

---

① （晋）杜预.春秋经传集解 [M].上海：上海古籍出版社，1978.

② （清）顾炎武著，黄汝成、栾保群集释.日知录集释 [M].上海：上海古籍出版社，2013.

③ （清）顾栋高.春秋大事表 [M].北京：中华书局，1993.

④ （清）高士奇.左传纪事本末 [M].北京：中华书局，1979.

⑤ 杨伯峻.春秋左传注 [M].北京：中华书局，2009.

与《左传》的内容整合在一起，将同一年经、传发生的史实进行整合对比研究，此外，杨伯峻博采众长，博古论今，将历代《左传》的注解注疏都整合到他的著作与之相对应的内容之中，对原文进行详细清晰地解释，这对春秋齐国对外关系研究提供了原始而又可靠的资料。

童书业的《春秋左传研究》①，包括《春秋左传考证》和《春秋左传札记》，《春秋左传考证》以社会发展观念审视古籍，考求春秋这一中国古代社会变化最激烈时期的历史真相。《春秋左传札记》是以最简洁的文字将春秋史上每一件大事条理清晰地展示出来。两者都是以《左传》为核心，结合有关典籍及铭文，从考证史料入手，运用唯物史观，探讨春秋史、西周史和上古历史，被顾颉刚誉为"二十世纪的一部名著"。方朝阵的《春秋左传人物谱》②选取了《左传》中影响较大、地位突出的人物，对其进行了较为全面的探讨，并将所涉及人物的相关材料整理辑录，进行分析评论，以人物为核心依托展开对春秋齐国对外关系的研究。

徐元诰撰的《国语集解》③以国别史的形式对春秋各个诸侯国的历史史实进行了记载，并在文后附上了前人的注疏和解释，是研究春秋对外关系历史的有力工具之书。其中的《齐语》部分对春秋齐国的内政外交大事件都进行了详细地记载，可以作为研究齐国对外关系政策的第一手资料。

童书业的《春秋史》④和顾德荣、朱顺龙的《春秋史》⑤，是对春秋历史的创造性研究成果。这两本书的内容都很全面地阐述了春秋的发展历史，包括西周到春秋的过渡演变，政治、经济、文化、军事等各方面的发展历史等等。其中

---

①　童书业.春秋左传研究 [M].北京：中华书局，2006.

②　方朝阵.春秋左传人物谱 [M].济南：齐鲁书社，2001.

③　徐元诰.国语集解 [M].北京：中华书局，2002.

④　童书业.春秋史 [M].上海：上海古籍出版社，2010.

⑤　顾德荣、朱顺龙.春秋史 [M].上海：上海人民出版社，2003.

的齐国历史发展，从春秋初期的僖公、襄公小霸，到齐桓公的春秋首霸，再到齐景公的谋求复霸，这些都是名家对齐国历史研究的新成果，这对研究齐国对外关系政策的历史背景提供很大的借鉴。

春秋时期齐国对外关系的学术研究论文成果丰硕，尤其是在春秋诸侯的对外关系性质的研究方面。徐杰令《论春秋邦交的时代特点》①认为，"周天子的道统还在，周王室是各诸侯国精神上的宗主，是号令诸侯最有力的手段"，也就是说，周王室与诸侯之间的关系已全然不是西周时期隶属分明的等级关系，而是逐渐向相似并相近的关系方向发展；叶自成在《中国外交的起源——试论春秋时期周王室与诸侯国的性质》②提出，春秋时期的周王室经历了很大的变化，已经不太可能仍然是天下共主，它仍然发挥的作用和影响也与过去有性质的不同，春秋中后时期的主要诸侯国也从过去政治上从属于周王室变成了独立国家，而楚秦吴越等南方和西部的蛮夷部落成长为新兴国家，它们与近代的独立国家并无本质上的区别。这些近现代的研究资料为我们进一步研究春秋时期齐国对外关系政策提供了开阔的思路空间。

此外，相关的学术论文也对春秋时期齐国对外关系有整体性的研究。宫芳的《先秦齐国的国家管理思想与实践》③指出，齐国历史发展中的兴衰荣辱无不包涵含着国家管理的成功经验和失败教训，其在西周到春秋战国的历史维度中全面地总结了齐国在经济、政治、军事、法律及对外关系等方面的国家管理思想与实践，系统地概括了齐国内政及对外关系方面历史内容，这为本课题的研究提供了很大的帮助。

---

① 徐杰令.论春秋邦交的时代特点 [J].管子学刊，2005（4）：77-82.

② 叶自成.中国外交的起源——试论春秋时期周王室和诸侯国的性质 [J].国际政治研究，2005（1）：9-22.

③ 宫芳.先秦齐国的国家管理思想与实践 [D].东北财经大学博士学位论文，2010.

### （二）春秋时期齐国对外关系的专门性研究

当前针对春秋时期齐国对外关系的专门研究成果也不多见，其中针对性论著主要包括，王阁森、唐致卿的《齐国史》①，一方面以纵向的历史发展脉络将先秦时期齐国的历史发展轨迹清晰完整地再现，包括齐国建立前后的情况，齐国在西周、春秋季战国时期的发展，尤其是春秋时期齐国的发展历史，管仲改革与齐桓公称霸、晏婴改革与齐景公复霸，这对研究齐国对外关系政策的历史背景有很大的帮助；另一方面以横向的历史内容为扩展，系统地阐述了齐国的政治、经济、文化、军事及对外关系等内容，这为研究齐国内政与对外关系的关系及对外关系政策的概括总结提供了丰富的历史资料，是研究春秋时期齐国对外关系政策的第一手资料。另外，张杰等人著的《齐国兴衰论》②，研究了齐国兴衰荣辱的发展历程，而在一过程中，从齐国对外关系史实的角度出发，探讨了不同时期所采取的对外关系策略在齐国发展兴盛、衰落灭亡的过程中所起的重要作用。

而与之相关的学术论文主要集中在管仲、晏婴的对外关系思想及军事、会盟等对外关系实践的研究上。主要包括：李玉洁《论管仲改革的利弊》③，对管仲的对外关系政策做出了评价，并简要阐述了齐桓公霸业时期的对外关系政策；邵先锋《论〈晏子春秋〉中晏婴的外交思想与实践》④，对晏婴的对外关系思想及对外关系实践进行论述，概括了其"外归其义"的和平对外关系政策，并总结归纳了晏婴在对外关系实践中的成就；徐勇《先秦时代齐国参加的主要

---

① 王阁森，唐致卿.齐国史 [M].济南：山东人民出版社，1992.

② 张杰等.齐国兴衰论 [M].青岛：中国海洋大学出版社，2007.

③ 李玉洁.论管仲改革的利弊 [J].史学月刊，1995（1）：9-13.

④ 邵先锋.论《晏子春秋》中晏婴的外交思想与实践 [J].管子学刊，2003（4）：27-31.

战争述略》①和《春秋时期齐国的军事制度初探》②，对春秋时期齐国的战争历史进行了整理、归纳，并在一些军事战争基础上对春秋时期齐国的军事制度及军事对外关系政策进行了较为全面的概括，等等，这些论文为深入研究齐国对外关系政策提供了新的观点和材料。

对春秋时期齐国对外关系研究的学位论文主要是胡茂盛的《东周时期齐国外交研究》③，该论文以春秋、战国为研究时段，将其划分为五个不同的时期，以此探讨了不同历史阶段齐国的对外关系思想及采取的对外关系实践，包括联姻、会盟、朝聘、军事等，较为清楚地罗列了齐国对外关系的大事件，并进一步概括了东周时期齐国对外关系的特点以及对外关系特点产生的原因，以期探索齐国对外关系与其兴衰之间的内在历史规律。需要特别指出的是，该论文与本书有着根本的区别，该论文是对东周对外关系史实的整理研究，其研究对象是对外关系，而本书的研究对象是春秋时期齐国的对外关系政策，是在春秋齐国对外关系历史史实的整理基础上做出系统性的总结和理论性的升华。无论是研究方向还是研究内容，本书与此都有根本的差别。

此外，与春秋时期齐国对外关系政策相关学位论文的还有范亚茹的《晏婴、子产外交策略比较研究》④，论文通过对晏婴、子产卓越的对外关系才能及不同的历史背景进行比较和分析来探究他们的对外关系成就，其中对晏婴对外关系成就的概述中，尊礼的对外关系原则及尊王的对外关系手段对本书第四章研究春秋中后期齐国对外关系政策提供了有意义的指导作用。

---

① 徐勇.先秦时代齐国参加的主要战争述略 [J].烟台大学学报（哲学社会科学版），1997（2）：64-70.

② 徐勇.春秋时期齐国的军事制度初探 [J].管子学刊，1998（3）：45-54.

③ 胡茂盛.东周时期齐国外交研究 [D].山东大学硕士毕业论文，2008.

④ 范亚茹.晏婴、子产外交策略比较研究 [D].吉林大学硕士学位论文，2009.

### （三）出土文献所见春秋时期齐国对外关系研究

近年来，随着考古研究的不断深入，涌现出了大量的出土文献，其中，清华简《系年》对研究春秋时期齐国对外关系有很大的帮助。清华大学出土文献研究与保护中心整理的清华简《系年》，记述了从武王伐纣一直到战国前期的历史大事，其中也包括了春秋时期与齐国对外关系有关的一些史实资料，补充或考证了传世文献中的史料记载。王彪《从清华简＜系年＞看两周之际王权与诸侯霸权之争》[①]通过对西周以来一直到春秋初期王室与诸侯之间关系的审视，思考了西周以来的王权与诸侯霸权之间的关系，指出诸侯霸权最终获得胜利，从而奠定了春秋时代诸侯争霸的时代主题。代生《清华简＜系年＞所见齐国史事初探》[②]概括了诸多的齐国史事，如齐桓公率诸侯城楚丘、郤克复仇齐国、崔杼弑齐庄公、晋越联合伐齐等，阐明了这些对研究齐国历史文化的重要意义。这些出土文献以新的史料、从新的角度有益地补充了传世文献对春秋齐国对外关系的研究的些许不足。

对春秋时期齐国对外关系问题的研究，无论是古人或是今人，都已经取得了相当丰硕的研究成果。这些都为本书的深入研究提供了丰富的文献史料和科学的研究角度，并开拓了对春秋时期齐国对外关系政策进行深入研究的学术视野，为这一课题的深入探索和研究打下了坚实的基础。但是，对外关系政策的研究毕竟不同于对外关系的研究，对外关系政策更具有理论性和概括性，所以对春秋时期齐国对外关系政策的研究还存在着诸多的问题：其一，学术界对一些基础性的问题还存在着较大的争议，例如，包括齐国在内的诸侯各国是否已经具有了独立国家的基本属性，诸侯之间、诸侯与周王室之间的关系是否可以

---

[①]　王彪.从清华简《系年》看两周之际王权与诸侯霸权之争[J].江西社会科学,2014(10):137-141.

[②]　代生.清华简《系年》所见齐国史事初探[J].烟台大学学报(哲学社会科学版),2015(1):88-94.

定义为外交，利用现代的外交理论去解释春秋时期的对外关系能否真实地还原春秋历史史实，抑或是春秋时期诸侯之间的关系能够用现代的对外关系理论去解读，等等，这些都是目前学术界争议较大的亟待解决的问题；其二，目前的针对性研究还是比较零散的，分散于春秋诸侯对外关系的整体研究之中，缺乏专门的针对性研究，尤其在研究内容的整体性和系统性等方面，还需要继续深入地挖掘；其三，在研究方法上，目前大多的研究论著往往倾向于微观地考证和细致地阐述，这样确实能将对外关系的方方面面整理清楚，但对外关系政策作为一个理论性强的课题，需要从宏观的角度把握来进行理论概括，在对齐国对外关系思想全面概括和对外关系实践整体归纳基础上，还需要对齐国对外关系政策进行系统的升华，这是需要重点研究的方向。这些问题都需要在春秋时期齐国对外关系政策的研究中做出系统探讨、论证并给出符合历史史实的解释。

## 三、核心概念的界定

在对春秋时期齐国对外关系政策展开研究之前，我们需要对与研究对象——对外关系相关的几个核心概念进行论证界定，比如，春秋时期包括齐国在内的诸侯国是否具有国家属性、周王室与诸侯的对外关系作何界定、影响齐国对外关系政策的诸多因素等等，这些概念是研究春秋时期齐国对外关系政策的基本概念，在对这些概念有了清晰的理解之后，才能进一步对春秋时期齐国对外关系政策进行探讨研究。

### （一）春秋时期诸侯国的性质定位

对外关系活动的主体是国家或具有国家性质的地区，但在中国古代对外关系研究中一谈到"国家概念"时，很多人包括诸多专家学者通常都认为，国家概念是在1618—1648年的欧洲三十年战争之后才形成的，而不能用这些概念来分析中国古代历史上出现的国家政权以及政权之间的关系问题。对此，国内外的权威专家也表示质疑，并阐明不同的立场。新现实主义大师肯尼斯·沃尔兹表示，通常认为真正的国家出现于1648年这一事实，是"仅就欧洲的国家体系而言，并不适用于全世界。而且在中国春秋战国时期出现的国际政治的本质和形式依旧惊人的保持未变"①。保罗·肯尼迪在其《大国的兴衰》一书中也论证过，"在中古时期的所有文明中，没有一个国家的文明比中国的更先进和更优越"②。同时，一些国内学者也指出，所谓国际关系发端于欧洲三十年战争和《威斯特伐利亚和约》的说法并不准确，因为"实际上从世界范围来看，由于受经济交往的制约，此时并未形成真正的国际社会体系"③。总的来说，这其实是一个很大的误解，人们把在西方国家历史发展轨迹基础上形成的世界体系模式套用在世界不同国家、地区的国家关系上，认为只有在西方成为世界体系中心之后才会产生国家和对外关系，这种观念和理论是站不住脚的。在对中国古代史尤其是先秦史有了深入的研究之后，人们就会发现早在商周朝时期，古代中国就具有了早期国家④的发展形态，发展到春秋时期，诸侯国逐渐摆脱周王室的束缚走上了独立发展的道路，实质上已经具备了国家的基本特征。

　　商朝已经具备了国家的雏形，处于早期国家的发展形态。"国"字在殷商甲骨文文字中已经出现，"国"字作口作戈，口代表人口，国君所统治的人；戈象征武器，意欲军队保卫国家。有军队作为国家机器，有人口作为臣民进行统治等等，这些已经构成了古代中国早期国家的基本内涵。到西周，国家的形态得到进一步的完善和发展。《尚书》中多次出现了"国"的用语，《洪范》篇

---

① （美）肯尼斯·沃尔兹 . 胡少华等译 . 际政治理论 [M]. 北京：中国人民公安大学出版社，1992：4.

② （美）保罗·肯尼迪 . 蒋葆英译 . 大国的兴衰 [M]. 北京：中国经济出版社，1992：4.

③ 何曜，任晓 . 均势理论反思 [M]. 上海：上海人民出版社，1998：219-235.

④ 谢维扬 . 中国早期国家 [M]. 杭州：浙江人民出版社，1995：211.

云"臣之有作福作威玉食，其害于而家，凶于而国"①，此"国"可直译为国家、社稷；《酒浩》篇记载周文王"肇国在西土"②，在西方创建国家；此外，《尚书》中还有诸多"宗国""小国""大国"等的用法。这说明西周王朝的国家形态不断发展已日臻成熟。虽说西周王室已具备了成熟的国家形态，但西周分封制下的诸侯国并不是真正意义上的独立性。

武王翦商以及周公东征平乱之后，周朝分封了大量的诸侯国，史称："周之所封四百，服国八百余。""故封建亲戚，以藩屏周。管、蔡、霍、鲁、卫、毛、聃、郜、雍、曹、滕、毕、原、邦、郇，文之昭也；邘、晋、应、韩，武之穆也；凡、蒋、邢、茅、胙、祭，周公之胤也。"③这些诸侯都是周王室分封到地方，负责管理地方、维护周王朝统一秩序的封邦。可以看出，西周分封的主要目的是保障宗周的安全，维稳统治秩序。分析分封的对象，绝大部分都是姬姓的同姓亲族，这就涉及到了西周的宗法分封制。所谓宗法制是以血缘关系为基础，以宗族的尊卑上下等级推及政治上的隶属等级，以宗族血缘关系维护政治群臣关系，合家族制而为政治制度，④简言之，就是将宗法血缘关系与政治隶属关系紧密结合的政治制度。宗法制以嫡长子继承制为核心，只有嫡长子是大宗，其余庶兄弟皆为小宗，大宗即位为周天子，其余小宗列封诸侯，诸侯朝见周天子只执臣节而不复用兄弟之礼，这样就形成了严格的上下等级关系。所以说，周天子与各诸侯国君是血缘上的宗族关系，更是政治上的君臣隶属关系，这就决定了诸侯国的性质，只能是周王朝分封下的封邦而不是独立的国家。周天子作为最高统治者，处于周王朝的权力中心，是真正意义上的天下

---

① (清)孙星衍著.陈抗、盛冬铃校.尚书今古文注疏[M].北京：中华书局，2004年第二版.

② (清)孙星衍著.陈抗、盛冬铃校.尚书今古文注疏[M].北京：中华书局，2004年第二版.

③ 杨伯峻.春秋左传注[M].北京：中华书局，2009：420.

④ 王阁森，唐致卿.齐国史[M].济南：山东人民出版社，1992：340.

共主，对诸侯有绝对的统治权。《左传》记载："天子经略，诸侯正封，古之制也。封略之内，何非君土？食土之毛，谁非君臣。"①《诗·小雅·北山》亦曰："普天之下，莫非王土，率土之滨，莫非王臣。"②天子分封，诸侯受封，诸侯受封之地仍为周天子所有，诸侯的封号也为天子所赐予并且天子也有权力取消或更替，同时周天子也有权力干涉诸侯国君的任免及诸侯的内部事务，这就形成了周王室与诸侯中央与地方、统治与被统治的等级关系。按照现代国家的标准——人口、领土、政权和主权来分析，西周分封下的诸侯也完全不符合国家的标准，所以说，西周时期诸侯国并具有国家属性。

但是，历史进入春秋时期，随着周室和诸侯国之间形势的根本转变，诸侯国的性质也发生了根本的变化：由周王室统治下的封邦逐步向走向独立发展的道路。这主要包括两个方面的重要原因：一是周室衰微而诸侯崛起，实力的转变引发权力的过渡，诸侯具备了走向独立的物质基础；二是维系周室与诸侯君臣隶属关系的宗法制逐渐被破坏、瓦解，诸侯逐渐摆脱了周王室的控制，发展成为独立的存在个体，而诸侯于周王室仅存在名义上的宗法关系，即周天子仅存形式上的"天下共主"。

历史进入春秋，宗法破坏，礼坏乐崩，王纲解纽，周室衰微而诸侯逐渐崛起，正如《论语·季氏》中所记"天下有道，礼乐征伐自天子出；天下无道，礼乐征伐自诸侯出"③。这正是处在天下无道的时代，随着周王室的统治秩序逐渐瓦解，权力势必会向崛起的诸侯过渡。周室不断衰落，其地位骤衰的转折事件即是发生于公元前707年的周郑繻葛之战，"王以诸侯伐郑，郑伯御之，战于繻

---

① 杨伯峻. 春秋左传注 [M]. 北京：中华书局，2009：1284.

② 程俊英. 诗经译注 [M]. 上海：上海古籍出版社，1985：416.

③ 杨伯峻. 论语译注 [M]. 北京：中华书局，2009：172.

葛，王卒大败。祝聃射王中肩"①。周室与诸侯作战已然违背周礼，显露出衰落的迹象，周天子的落败更是加速了周室的衰落进程，真正意义上失去了天下共主的地位。周王地位的沦落使其对诸侯的权力也在丧失，周王已不能干涉诸侯的内政，不能对诸侯君主进行废立，诸侯也不再向王室进贡，周王失去了对诸侯的实际控制。相反，处在这个大动荡、大变革时代的诸侯国，其发展呈现出相反的方向，实力不断增强，开始走向独立国家的发展道路。各诸侯国在摆脱周朝控制的过程中，通过战争、会盟、兼并等方式不断扩张，人口不断增多，领土不断变广，其国力也越来越强；诸侯国在内部事务上完全脱离周王朝的控制，拥有了独立的政权，各国有各国的宗庙重宝，诸侯有权力组织军队，决定会盟、征伐、朝聘，铸币与厘定文字与度量衡，各国的田亩制度、赋役制度和所行历法都不尽相同②；各诸侯在外部事务上相互承认各自的权力，并绕过周王朝进行直接的交往，在春秋社会中逐步取得了独立的主体地位③。同样，用现代国家的概念来衡量，它们也十分合乎国家的定义。这些诸侯国管辖着固定的人口和领土，拥有独立的军队和政权，能独立地制定自己的内政外交政策，有对对外交往的合法权力，相互承认并能够达成一些明确的共同的国家关系准则，能相互订立得到各国公认的盟约。这些国家中包括齐国、晋国、鲁国、郑国等。

在此，还要阐明一下华夏中原之外的少数民族国家的独立发展道路。这些国家和地区早先往往是处于落后状态，与周朝统治者没有血缘关系，不是分封国，文化习惯甚至民族都不同于华夏地区，但它们不断向中原靠拢，通过引进周朝的先进文化，接受周朝文化影响，迅速发展成为先进国家。④这些国家中

---

① 杨伯峻.春秋左传注 [M].北京：中华书局，2009：106.

② 王阁森，唐致卿.齐国史 [M].济南：山东人民出版社，1992：19.

③ 叶自成.春秋战国时期的中国外交思想 [M].香港：香港社会科学出版社，2003.

④ 叶自成.中国春秋战国时期外交思想研究的几点想法——《中国外交思想史》(第一卷)序言 [J].国际政治研究，2001（4）：48-56.

包括楚国、北戎、山戎、北狄等。

在春秋时代复杂的国际关系背景下，走向独立发展道路的诸侯国之间的频繁交往拉开了中国古代国家之间真正意义上的对外关系序幕，由此催生了中国早期的对外关系实践，对外关系思想也由此萌生，对外关系思想指导下的对外关系政策也随之不断丰富和发展。因此，春秋时期诸侯的国家性质，虽然带有发展初期的不确定因素，但它们的确符合现代国家的基本特征，这也正是我们深入研究春秋时期对外关系政策的根本依据和立足点。

### （二）春秋时期周王室与诸侯的关系界定

上文言及，虽西周分封制下的诸侯不是具有独立意义上的国家，但周王室已发展成为独立的国家形态，一直到春秋，周王室也是一个独立运转的国家政权，这点是毫无疑问的。而诸侯在西周至春秋的历史演变过程中，逐渐崛起，诸如齐国这样的诸侯国逐步摆脱周王室的束缚走向独立发展的道路。如此，周王室与诸侯之间、诸侯与诸侯之间的关系，是具有平等而独立的相互关系，在此基础上不断发展形成了全新的华夏体系。在这个新型的体系中，鉴于周王室的特殊性，我们在对周王室与诸侯国的关系进行界定时需要明确两个大的原则：其一，春秋时期，周王室与诸侯都是独立国家或是具有独立国家的属性，那么周王室与诸侯之间的关系应当属于对外关系，在这个意义上讲，两者是平等的，"东周王朝落到了和诸侯平起平坐的地位"[①]；其二，周室虽然衰微，诸侯虽已崛起，但没有诸侯能够代替周王室在春秋国际体系中所扮演的角色，所以，在宗法关系上和伦理道统上，周王室的影响力及其天下共主地位依旧发挥着作用，王权依旧是春秋秩序的象征，"周天子的道统还在，周王室是各诸侯国精神上的宗主，是号令诸侯最有力的手段"[②]。正是基于这些考虑，包括齐桓

---

[①]　晁福林. 霸权迭兴—春秋霸主论 [M]. 北京：三联书店，1992：53.

[②]　徐杰令. 论春秋邦交的时代特点 [J]. 管子学刊，2005（4）：77-82.

公在内的春秋霸主都积极地推行尊王尊周的对外关系政策，欲借助周天子"天下共主"的权威来提高自身的地位，奉天子以令诸侯，借此实现自己的霸权。

同时，站在历史发展的角度逆向思考，我们必须要指出，尽管历史的发展进程具有延续性和相对完整性，我们可以用现在的概念和眼光来审视和解读周王室与诸侯国之间的复杂关系，但我们也应当清楚，春秋时期的国家关系、对外关系不能完全等同于当下的国家关系和对外关系，春秋时期出现的国家关系、对外关系及对外关系政策等概念，是发展进程中的起始形态，都是初步的。

### （三）影响齐国对外关系政策的因素

诸多因素都会直接或间接地影响春秋时期齐国的对外关系政策的产生、发展及运用实施，概括来讲，可以归结为两大方面的影响，一是客观因素，主要包括自然地理位置和战略环境，顾栋高把地理看作是影响对外关系的重要因素，"春秋强兼弱削，战争不休，地理为要"[①]，以齐国霸业时期为例，他认为，齐国形势要害不如晋，幅员广远不如楚，然而齐"徒以东至海，饶渔盐之利；西至河，凭襟带之固；南至穆陵，有大岘之险；北至无棣，收广莫之地，遂成富强，为五伯首"[②]；而战略环境又包括齐国周边局势及春秋整体国际形势，这是一个动态的变化因素，会随着春秋格局的变化而变化。另一是主观因素，主要包括齐国自身的硬实力和软实力，其中硬实力是指经济实力和军事实力，而软实力则是指理论上作引导的治国政治理念以及文化的影响。这两种因素相互影响，相互作用，共同构成了影响春秋齐国对外关系政策的主要因素。这些因素在正文阐述齐国对外关系政策的具体内容时会得到详细体现。

---

① （清）顾栋高 . 春秋大事表 [M]. 北京：中华书局，1993：1.

② （清）顾栋高 . 春秋大事表 [M]. 北京：中华书局，1993：511.

# 第一章　春秋时期齐国对外关系政策的历史背景

春秋时期齐国对外关系政策的产生、发展及实施推行都有其深刻的历史背景，欲深入研究春秋时期齐国对外关系政策，就必须将对外关系政策所依托的背景的来龙去脉整理清晰。总的来说，历史背景涵盖了两方面的层次，首先是春秋时期的整体历史背景，春秋形势风云变幻，周王室衰微，王权衰落，但仍保有形式上的天下共主；外族侵袭，扰乱中原；诸侯不断崛起，齐、晋、楚霸权代兴；春秋后期中原弭兵，诸侯内公室衰微，政权下移；这些都是齐国制定对外关系政策所必须要考虑的外部因素。其次是齐国的历史发展背景，齐国内政兴衰变迁，春秋初庄、僖小霸，而后桓公成为春秋五霸之首，齐国达到全盛；桓公后齐国政局跌宕起伏，公室因多次内乱而走向衰亡，最终由陈氏取代；同时不可否认，齐国始终以大国的姿态存在于春秋历史；这些都是齐国制定对外关系政策所要认真考虑的内部因素。

## 第一节　春秋形势的风云变幻

《史记·周本纪》记载："平王立，东迁于洛邑，辟戎寇。平王之时周室衰微，诸侯强并弱，齐、楚、秦、晋始大，政由方伯。"①透过这句话，我们便可得知平王东迁后春秋社会发展的两大历史趋势，即周室由盛转衰，王权衰落；而诸侯势力不断崛起，逐渐成为社会发展的主角。《左传》记载的"郑助齐伐戎而后使鲁定班位"事件更是这一历史趋势的又一佐证：

> 北戎伐齐，齐侯使乞师于郑。郑大子忽帅师救齐。六月，大败戎师。于是诸侯之大夫戍齐，齐人馈之饩，使鲁为其班。后郑。郑忽以其有功也，怒，故有郎之师。②（《桓公六年》）

> 齐、卫、郑来战于郎，我有辞也。初，北戎病齐，诸侯救之，郑公子忽有功焉。齐人饩诸侯，使鲁次之。鲁以周班后郑。郑人怒，请师于齐。③（《桓公十年》）

公元前 706 年，郑国遣师助齐御北戎，立下大功。诸侯戍齐时，齐国为表谢意有所馈赠，使鲁国定诸侯先后顺序，鲁将郑排在后面。按周礼，依周室封爵之次，郑本应在后。倘若发生在西周，这也是再正常不过的事情了。但此时，郑国依仗自己功劳最大，对自己的位置颇为不满，怒而领兵伐鲁。战前，鲁国所谓的"有辞"亦是指周礼。这一切都证明了，周礼作为维护诸侯等级、

---

① （汉）司马迁. 史记 [M]. 北京：中华书局，1982：149.

② 杨伯峻. 春秋左传注 [M]. 北京：中华书局，2009：113.

③ 杨伯峻. 春秋左传注 [M]. 北京：中华书局，2009：128.

维系社会秩序的教条正在受到挑战，而周礼是周王权威的代表，即是说周王的权威也在经受着不断崛起的诸侯的挑战和威胁，周室衰微，诸侯崛起，王权衰落而霸权代兴，这正体现了春秋时代的发展趋势：周王与诸侯之间权力交替的过渡。这些也正是我们研究春秋时期齐国对外关系政策的两大主要背景。

## 一、周室衰微，王权衰落

公元前 770 年，宗周大乱，内有王子争立，外有戎狄侵袭，周平王在秦襄公、晋文侯、郑武公等诸侯的护送下东迁洛邑。东迁后的周王室在此后相当长的时间内，都是依靠晋国和郑国的支持才能勉强维持其表面稳定的局面，进入春秋后，不可避免地加速了其衰微的步伐。

周室的衰微首先表现在因王室内部争夺王位的斗争而造成的王室内乱上。暂且不论平王东迁后，长达十年之久的"二王并立"造成的王室分裂，春秋以降，王室内部因废嫡立庶而造成的王位争夺屡屡发生。

> 周公欲弑庄王而立王子克。辛伯告王，遂与王杀周公黑肩。王子克奔燕。① (《桓公十八年》)
>
> 初，子仪有宠于桓王，桓王属诸周公。辛伯谏曰："并后、匹嫡、两政、耦国，乱之本也。"周公弗从，故及。② (《桓公十八年》)

春秋之初的子克之乱，为周王欲废嫡立庶而造成。周室内乱一方面造成王室严重的内耗，加速王室实力的衰落；也严重地摧毁了王室的权威，使周王的威信大打折扣。另一方面，周室军事力量弱小，内乱都是依靠诸侯的支持才能得以平息，按照周礼，周王要对有功之臣进行封赏，于是成周的土地慢慢缩小。加之封邑公卿大夫、诸侯戎狄侵占，平王东迁时王室尚有的六百里土地，

---

① 杨伯峻. 春秋左传注 [M]. 北京：中华书局，2009：154.

② 杨伯峻. 春秋左传注 [M]. 北京：中华书局，2009：154.

后来日消月割，仅剩不足二百里。土地的缩减使王室的人口大为减少，国家收入锐减，国家实力大为削弱，衰败在所难免。

其次，王室衰微还表现在周王与权卿的斗争中。周王以功臣为卿士，郑庄公因有功于王室而独揽王政。后郑庄公日益骄横专权，周平王心有畏惧，便限制庄公的权力分而治之，庄公不许，于是周王与郑庄公展开了激烈的斗争。

> 郑武公、庄公为平王卿士。王贰于虢，郑伯怨王，王曰"无之"。故周、郑交质。王子狐为质于郑，郑公子忽为质于周。王崩，周人将畀虢公政。四月，郑祭足帅师取温之麦。秋，又取成周之禾。周、郑交恶。①（《隐公三年》）

> 郑伯如周，始朝桓王也。王不礼焉。②（《隐公六年》）

> 王夺郑伯政，郑伯不朝。秋，王以诸侯伐郑，郑伯御之。战于繻葛，王卒大败。祝聃射王中肩。③（《桓公五年》）

以上是周、郑矛盾斗争不断升级的过程，周平王想分割郑庄公的权力，庄公断然不肯接受，而且竟迫使周王与郑国相互交换人质，史称"周郑交质"；庄公又派兵割了温地的麦子，夺了周附近的庄稼，周郑遂变为仇敌，史称"周郑交恶"；周桓王即位后，庄公前去朝拜，周王不礼的行为加剧了周郑的不和；最终，桓王忍受不了庄公的骄横，剥夺了他的权力，并亲帅王师及卫、陈、蔡军队伐郑，兵戈相向，双方专业繻葛，结果王师大败，桓王还被射中肩膀。这是春秋周室由盛而衰的关键转折点，周王室的威信扫地以尽，"天下共主"的地位名存实亡，而周政尽归诸侯矣。

自繻葛之战，周王室一蹶不振，威严不在，实力也急剧减弱，公元前697

---

① 杨伯峻. 春秋左传注 [M]. 北京：中华书局，2009：26-27.

② 杨伯峻. 春秋左传注 [M]. 北京：中华书局，2009：51.

③ 杨伯峻. 春秋左传注 [M]. 北京：中华书局，2009：1043-106.

年，周桓王私自向鲁国求车，"天王使家父来求车，非礼也。诸侯不贡车、服，天子不私求财"①（《桓公十五年》），周天子作为周礼的维护者，竟违礼前来求财，可见王室财政的匮乏程度。经济上的衰败是如此，政治上更为严重，频繁的内乱，庶子争位造成的王室混乱更是加速了周王室的衰落。

首先是子颓之乱，子颓因其母王姚受宠于周王，便恃宠而骄。等到新王即位未稳，子颓便联合五大夫伐王而谋乱篡位，之后在卫、燕协助之下入主成周。周王无力挽救局面，最终是在郑、虢的援助之下才得以复位。

> 王姚嬖于庄王，生子颓，子颓有宠。及惠王即位，蒍国、边伯、石速、詹父、子禽祝跪作乱，因苏氏。秋，五大夫奉子颓以伐王，不克，出奔温。苏子奉子颓以奔卫。卫师、燕师伐周。冬，立子颓。②（《庄公十九年》）
>
> 夏，同伐王城。郑伯将王，自圉门入，虢叔自北门入，杀王子颓及五大夫。郑伯享王于阙西辟，王与之武公之略，自虎牢以东。③（《庄公二十一年》）

其次是子带之乱，子带深受王后宠爱，王后有意立之为王，还未得实施王后就死了。未能得逞的子带心有不甘，竟联合狄族之师讨伐周室，如愿入主成周。最后，周襄王也是在晋国的援助之下才得以复位，并以土地作为赏赐。

> 初，甘昭公（大叔带）有宠于惠后，惠后将立之，未及而卒。昭公奔齐，王复之，又通于隗氏。王替隗氏。秋，颓叔、桃子奉大叔，以狄师伐周，大败周师。王出适郑，处于汜。大叔以隗氏居于温。④（《僖

---

① 杨伯峻.春秋左传注[M].北京：中华书局，2009：142.

② 杨伯峻.春秋左传注[M].北京：中华书局，2009：212.

③ 杨伯峻.春秋左传注[M].北京：中华书局，2009：216-217.

④ 杨伯峻.春秋左传注[M].北京：中华书局，2009：425-426.

公二十四年》)

秦伯师于河上，将纳王。狐偃言于晋侯曰："求诸侯，莫如勤王。诸侯信之，且大义也。继文之业而信宣于诸侯，今为可矣。"晋侯辞秦师而下。右师围温，左师逆王。王入于王城，取大叔于温，杀之于隰城。戊午，晋侯朝王，王飨醴，与之阳樊、温、原、攒茅之田。①(《僖公二十五年》)

纵观两次王室内乱，皆是宗法崩塌、周礼废弛而造成的严重混乱。按宗法制，嫡夫人的嫡子作为大宗应是王位的法定继承人，妾之庶子的小宗应"顺礼成章"地成为天子的被统治者。显然，此时的宗法秩序是混乱的，王妾、庶子不但不尊礼守法反而恃宠而骄，干政谋反，联合卿大夫夺天子之位、乱周之国本。庶子夺权、大臣乱政，这都是赤裸裸的严重违背周礼的罪行。宗法制作为周室的政治统治基础，周礼作为周室伦理纲常保障，这一切都在王室的不断内乱之中遭到破坏、摧毁，几近变成一纸空文，这对周王室的权威和影响造成的打击可以说是毁灭性的。另一方面，内乱发生之后，周室几乎没有防御能力，只能依靠诸侯的帮助，郑、虢助之平子颓之乱，晋助之平子带之乱。王室内部违礼乱法之乱象丛生，对外依然要行天子之礼仪，仍要对有功之诸侯加以赏赐，但王室连造车、丧葬的费用前都需要向鲁国借取，哪里还有多余的钱财用来作为对诸侯的赏赐，只能是赏赐土地，于是与郑虎牢之东、与晋阳樊、温、原、攒茅之田。而土地减少导致周室实力的再度削弱，王权的不断式微，总之，这就陷入了一种恶性的加速衰败的循环之中。

## 二、外族兴盛，威胁中原

周室衰微，周天子天下共主地位名存实亡，中原诸侯失去了统一的领导；

---

① 杨伯峻.春秋左传注 [M].北京：中华书局，2009：431–432.

再加上诸侯之间连年战争及诸侯内部内乱不断，这就给周边戎夷蛮狄之族以可乘之机。其中尤以南方的荆楚与北方的戎狄为最甚，交相侵伐中原，给中原带来了空前的浩劫，史称"南夷与北狄交，中国不绝若线"①。

**（一）楚国始强，威胁中原**

就在中原诸侯国相互争斗、勾心斗角之时，南方已有一个强国逐渐崛起，那就是属蛮夷之邦的荆楚。楚公室为芈姓之族，始祖季连，后世鬻熊为周文王臣子，熊绎被成王封于今楚地，建都丹阳（今湖北省秭归东南）。西周覆灭平王东迁后，楚国开始复兴壮大，《国语·郑语》记载："及平王之末，而秦、晋、齐、楚代兴……楚蚡冒于是始启濮。"②后熊通杀蚡冒而自立为王，史称楚武王。楚武王能征善战，将楚国周围的小国悉数吞并，开疆扩土势如破竹，疆域范围向北已经延伸到了长江中游和汉水流域，楚国在其统治时期获得了极大地发展，成为南方唯一的强国。《左转·桓公二年》记载："蔡侯、郑伯会于邓，始惧楚也。"杨伯峻进一步解释道，此为楚武王之三十一年，中原诸侯患楚自此始。③考虑到春秋初期的郑国已是中原强国，尚且对楚国有如此畏惧，可见楚国的国力已在郑国之上了。此时楚国的实力影响已经对中原构成了威胁。

实力不断膨胀的楚国将势力范围逐渐向北延伸，有主动接壤中原的意图。公元前704年，楚侵随，随不敌，沦为楚国的附庸。次年，楚师大败邓师。公元前701年，楚大夫屈瑕将与贰、轸二国会盟，郧国驻军在蒲骚，与随、绞、州、蓼等国联合伐楚，④结果郧被楚师大败，《左传·桓公十一年》载："楚屈瑕将盟贰、轸，郧人军于蒲骚，将与随、绞、州、蓼伐楚师……遂败郧师于蒲

---

① （汉）何休注，（唐）徐彦疏，（清）阮元校刻.春秋公羊传注疏[M].北京：中华书局，1980：126.

② 徐元诰.国语集解[M].北京：中华书局，2002：477.

③ 杨伯峻.春秋左传注[M].北京：中华书局，2009：90.

④ 顾德融，朱顺龙.春秋史[M].上海：上海人民出版社，2003：61-62.

骚"①。次年，楚有又发绞，大败之，绞与楚签订城下之盟，沦为楚国的附庸之国。随、邓、郧、绞等国的相继沦陷，使楚国在汉水流域向北一带大大扩张了势力。

公元前 689 年，楚武王死，其子即位为王，史称楚文王。即位之初，楚文王就将国都迁到郢地。《史记·楚世家》记载："子文王熊赀立，始都郢。"② 之后，楚文王不断向北攻伐，先后侵伐申、邓，大败蔡国，伐灭息、邓，与公元前 678 年进攻中原的郑国。《史记·楚世家》记载："楚强，陵江汉间小国，小国皆畏之。（楚文王）十一年，齐桓公始霸，楚亦始大。"③ 这足以证明楚国的实力愈发强大，实力范围不断北扩，对中原已构成了严重的威胁。

### （二）戎狄兴起，侵扰中原

黄河流域的中原地区一直由夏族、商族和周族先后统治，形成华夏族；同时，中原之外又并存着其他的诸多民族，但就地域分布来看，大体为华夏族居中而戎、狄、蛮、夷多在边疆四方。《礼记·王制》载，"中国、戎夷五方之民……东方曰夷，南方曰蛮，西方曰戎，北方曰狄"。④ 此为中原华夏族统治者对周边民族分布总的概括，但细究起来，其分布并不一定是夷在东、戎在西、蛮在南、狄在北。徐中舒先生为此指出：

> 在先秦著述中，本无此类严格之分别。如《周礼·职方氏》以四夷、八蛮、七闽、九格、五戎、六狄并称，而不别其属于何方。《诗·大雅·韩奕》称王锡韩侯以北国之追貊，而总之曰"因时（是）百蛮"，《虢季子白盘》记伐玁狁之功，而称"用政蛮方"。《梁伯戈》称鬼方曰"鬼

---

① 杨伯峻. 春秋左传注 [M]. 北京：中华书局，2009：130-131.

② （汉）司马迁. 史记 [M]. 北京：中华书局，1982：1695.

③ （汉）司马迁. 史记 [M]. 北京：中华书局，1982：1696.

④ 杨天宇. 礼记译注 [M]. 上海：上海古籍出版社，2004：155.

方蛮"，是蛮并指北族而言。春秋之山戎、北戎、无终戎，乃在齐鲁之北境。《尚书》有徐戎，铜器有南淮夷、南夷。《史记》《汉书》有《西南夷传》。则先秦之称蛮、夷、戎，实为外族之通称。独狄为专名，从不以称东、西、南三方之外族。①

下面以四方之说为主体并结合考古资料及文献记载对中原之外以及杂居中原的少数民族就其布局方位加以分析。戎族：主要分布在西部及西北部，周部落就是依靠征伐西戎起家的，具体分布包括渭水有狄戎、骊戎、犬戎，泾水有义渠之戎，洛水有大荔之戎，此外还有山戎（原在今河北北部迁往山东与齐、鲁交界）、大戎、小戎、陆浑之戎、姜戎等；狄族：主要分布在北部及东北部，主要分为赤狄、白狄两大部分，亦有一支长狄，亦名鄋瞒，春秋时常出没在齐、鲁、卫、宋诸国之间。夷族：主要分布在东部及东南部，《后汉书·东夷传》记载有畎夷、方夷、黄夷、白夷、风夷等，到春秋初已演变为淮夷、徐夷等，主要分布于今山东、安徽等地；苗蛮：主要分布在南方，春秋时大多已被楚国吞并。具体整理如下表所示。

表1　中原之外以及杂居中原的少数民族布局方位

| 族名 | 主要分布情况 | 族种 |
| --- | --- | --- |
| 戎族 | 西部、西北部及少数分布于东北部 | 渭水有狄戎、骊戎、犬戎，泾水有义渠之戎，洛水有大荔之戎，此外还有山戎、大戎、小戎、陆浑之戎、姜戎等 |
| 狄族 | 北部、东北部 | 赤狄、白狄，亦有一支长狄，亦名鄋瞒 |

① 徐中舒.北狄在前殷文化上之贡献——论殷墟青铜器与两轮大车之由来 [J].中华文化论坛，2000（01）：31-50.

| 族名 | 主要分布情况 | 族种 |
|---|---|---|
| 夷族 | 东部、东南部 | 淮夷、徐夷等 |
| 苗蛮 | 南部 | 楚等 |

戎、狄、蛮、夷等少数民族中对中原威胁和侵害最严重的当属戎和狄，所以以下主要针对戎、狄作具体研究。

西周晚期戎狄部族的社会形态正处于由原始社会向奴隶社会转化的军事民主制阶段。这一时期的社会特点就是侵伐掠夺、野蛮未开化。《史记·匈奴列传》记载："其俗，宽则随畜，因射猎禽兽为生业，急则人习战功以侵伐，其天性也。其长兵则弓矢，短兵则刀鋋。利则进，不利则退，不羞遁走。苟利多在，不知礼义。"[1]也正如恩格斯所分析的那样：战争以及进行战争组织现在已成为民族生活的正常职能。他们是野蛮人，进行掠夺在他们看来是比进行创造劳动更容易甚至更荣耀的事情。[2]特别是随着西周王朝的覆灭，中原陷入混乱的状态，更是为戎狄交侵中原各国创造了条件。

西方戎族参与攻灭宗周，杀周幽王于骊山之下。平王东迁以后，渭河流域内的政治势力就陷入了真空，戎族大规模涌入，并进一步向中原侵扰，到达黄河南、北，严重威胁着西北诸夏诸侯。北方的狄族也趁机南下攻伐中原，从今山西、陕西向东发展一直到达今河北、河南、山东地区，对黄河中下游的诸侯构成了严重威胁。童书业先生在《春秋左传研究》中详细指出了戎狄兴起后对中原诸侯的侵伐威胁：

---

① （汉）司马迁.史记[M].北京：中华书局，1982：2879.

② 中共中央马克思恩格斯列宁斯大林著作编译局编译.马克思恩格斯选集[M].北京：人民出版社，2012.

齐桓始霸之时，不仅楚渐强而北进，戎狄亦甚为纵横，《公羊传》所谓"南夷与北狄交，中国不绝若线"（僖四年）者是也。戎狄侵陵中原之害，远过于楚……西周亡于犬戎等戎狄，东周既建，戎狄又逐渐东南侵。如北戎侵郑（隐九年），又伐齐（桓六年）；山戎病燕（庄三十年）；扬拒泉皋伊雒之戎甚至合兵伐周，入王城（僖十一年），几成骊山之祸。狄尤强横，入邢卫（闵二年），伐晋（僖八年、十六年），灭温（僖十年），并再侵卫郑（僖十三、十四年），威胁周畿。如非诸侯联合杭狄，中原之危殆亦甚难言矣。[①]

总之，春秋时期王室衰微无力组织统一防御，诸侯之间相互征伐，戎狄侵扰不断，并深入中原腹地，对各诸侯国构成了极大的威胁。正如童书业先生所说，若此时诸侯再不团结联合共御戎狄，则中原的安危就会命悬一线了。因此，面对强人的外力威胁，中原诸侯国需要团结联合起来共同抵御对抗戎狄的进犯，诸多弱小国家也要求有一个强有力的领导力量来化解这次危机，以增强中原诸侯的凝聚力和向心力，以振兴中原华夏族的权威，而这种形势就为齐国霸业时代的到来创造了条件。

### 三、诸侯崛起，霸权迭兴

春秋初期，伴随着周王室的衰落，诸侯逐渐崛起，但此时诸侯间的势力大致是均衡的，彼此之间即不能相互压制也不能信服，这就导致了春秋初无序的混乱局面。直到齐桓公上台，任用管仲大刀阔斧地改革，使齐国一跃成为强国，九合诸侯一匡天下，成就春秋五霸之首，由齐国开启了春秋的霸权时代。齐国霸业之后，晋国、楚国强霸取而代之，两国为争夺春秋霸权进行了长达一个世纪的纷争，这就是历史上的"晋楚争霸时期"。后由于两国的内忧外患，

---

① 童书业.春秋左传研究[M].上海：上海人民出版社，1980：50.

最终实现弭兵，这就是历史上的"弭兵时期"。中原争霸战争暂告一段落，南方的吴国、越国逐渐强大，竞相北上争霸，成为春秋后期的两大霸主，越王勾践灭吴称霸后，结束了大国争霸的局面，历史逐渐进入战国时代。

### （一）春秋初之无序时期

春秋初期，随着周王室的衰落，诸侯逐渐崛起。率先崛起的是黄河中下游的诸侯，主要以齐、鲁、郑、宋、卫为主要代表，这些诸侯国的势力大体处在相对均衡的状态。齐国土虽大而势力未盛，在当时历史舞台上还不算是要角[①]；鲁为姬姓宗亲，到春秋初期仍然发挥着诸侯宗主的领袖作用；郑国虽发迹时间晚，但因其临近王畿而获得了优渥的地理位置，且郑伯始终在王室担任卿士使其获得了极高的政治地位，这就使得郑国发展成为春秋初期实力较强的诸侯；宋为殷商故地之上建立的封国，发展到春秋时，实力已较为强大。

既然诸侯之间的势力是相对平衡的，处于伯仲之间，在周室天下共主名存实亡的大背景之下，没有了周天子的统一领导，没有了周礼的制约，这些诸侯便陷入了混乱无序的状态。这种状态主要表现在两个方面，一是诸侯之间的相互征伐，纷争不止。先有郑与宋卫之间的争衡，双方长期对峙交涉，再有齐、鲁的明争暗斗，相持不下，其他的诸侯小国或主动或被迫纷纷卷入这些诸侯的纷争之中。二是诸侯内部频繁的内乱。齐国因公孙无知、管称、连至父叛乱虐杀齐襄公而导致齐国陷入长时间的内乱，鲁桓公因听信羽父的谗言而杀害鲁隐公，虽为造成内乱但也破坏了西周以来的社会秩序；郑国国内先后发生共叔段之乱和祭仲之乱，频繁的内乱严重的消耗了郑国的国力；宋国发生华父督之乱以及卫国的州吁之乱和宣姜之乱，等等。

通过分析诸侯之间以及诸侯内部混乱状态我们会发现，这些都严重违背了周礼所规定的范畴，违逆了周天子至高无上的天下共主地位，严重破坏了西

---

① 童书业．春秋史 [M]．上海：上海世纪出版社，2010：118.

周以来的宗法分封制。因此，周礼所维系的西周的统治秩序遭受前所未有的冲击，周室衰微、诸侯崛起，在权力的更替过渡之中明示了春秋社会发展的趋势。

### （二）齐国霸业时期

春秋深入，周王室的不断衰微取而代之的是诸侯势力的不断崛起，这就是春秋社会发展的时代特征。由于诸侯治国内政不尽相同，外部环境也各有所异，不同诸侯走上了相异的发展轨迹，逐步形成了异于春秋之初的诸侯格局。

首先是齐国。僖公、襄公时期的齐国就已经处于准大国的地位，到齐桓公，在管仲的辅佐之下，对经济、政治、军事、对外关系等方面进行全方位的改革，实行了一系列富国强兵、尊王攘夷、使诸侯听令于齐等以成就其大业的措施，齐国实现迅速崛起，发展成为春秋的大国、强国，乃至春秋霸主。晋国的人国之路比较曲折。春秋之前，晋国发生了分裂，曲沃桓叔与翼公室之间发生内乱，最终在春秋初立时曲沃武公入主翼都，成为晋国的正统，曲沃武公更名为晋武公。晋献公时，晋国获得了很大的发展，发展成为春秋大国。晋献公末年，因诸子争位使得晋国一度陷入混乱，后公子夷吾在秦国的帮助入主晋国，史称晋惠公，晋国才得以步入正确的发展轨迹。楚国入春秋之后以逐渐壮大，甚至在齐桓公时期与齐国形成分庭抗礼之势。郑国、宋国，国内接连发生内乱，诸子争位，权臣干政，这些一步步地加速了郑国的衰落，实力大不如前。鲁国由于与周王室的特殊关系仍享有较高的政治地位，但其实力在不断下降，春秋以降的鲁国国君大都无所作为，没有抓住机遇发展自身势力反而一味地恪守周礼，这样注定跟不上时代发展的步伐而逐渐衰没。

综上概括，随着诸侯的发展，因实力的不断变化而产生的差距使其分化为不同的等级层次：鲁、郑、宋等诸侯国，随着实力的衰落而逐渐沦为二等诸侯国，为了能继续在强国的夹缝中生存，他们不得不依附强国霸主。相反，齐、晋、楚等诸侯，经过春秋初期的发展和积淀，逐渐成长为大国、强国，在春秋诸侯中拥有更多的话语权，在诸侯交往中起着决定性的作用。尤其是齐国，至强至霸，俨然成为春秋诸侯的真正领袖。故《史记·齐太公世家》称"唯独齐为中国会盟，而桓公能宣其德，故诸侯宾会。"①

### （三）晋楚争霸时期

晋文公因晋献公末年的内乱而出逃，在外流亡 19 年之久，最终在秦国和楚国的帮助之下，于公元前 636 年归国即位。晋文公当政后，励精图治，任用狐偃、赵衰、贾陀等人组成核心政治集团，在政治、经济、军事、文化等各个方面采取了行之有效的发展政策，晋国由乱到治，国内政平民阜、财用不匮，奠定了晋文公霸业的基础。之后，晋文公在内政、外交方面又采取了诸多措施，最终取得春秋霸主的地位。

> 晋侯始入而教其民，二年，欲用之。子犯曰："民未知义，未安其居。"于是乎出定襄王，入务利民，民怀生矣，将用之。子犯曰："民未知信，未宣其用。"于是乎伐原以示之信。民易资者不求丰焉，明征其辞。公曰："可矣乎？"子犯曰："民未知礼，未生其共。"于是乎大蒐以示之礼，作执秩以正其官，民听不惑而后用之。出谷戍，释宋围，一战而霸，文之教也。②（《僖公二十七年》）

以上记载了晋文公为称霸而做出的种种努力，具体表现为：帮助周室平定子带之乱，尊王以定王，稳定周襄王的统治秩序，并轻徭薄敛，利民厚民，以使民知其义；讨伐不忠不信的附属国原国，并净化商业环境，诚信经营，以使民知其信；借打猎之际改革军事制度，设执秩之官以正政治风气，以使民知其

---

① （汉）司马迁. 史记 [M]. 北京：中华书局，1982：1491.

② 杨伯峻. 春秋左传注 [M]. 北京：中华书局，2009：447.

礼，义、信、礼具备，晋文公之霸业成矣！而晋楚城濮之战直接将晋文公推上霸主之位。

鲁僖公二十八年（公元前 632 年），楚国围宋，因宋叛楚归晋，宋如晋告急，晋文公将对外关系攻势与军事攻势巧妙地结合在一起，拉拢齐、秦以使楚国孤立，便联合诸侯向楚国展开攻势，晋文公"退避三舍"以诱使楚国北上，在城濮与楚军展开决战，最终战争以今大胜楚而告终。城濮之战对中原争霸具有决定性的战略意义，一方面重创了楚国的士气，挫败了楚北进中原的计划，另一方面，通过城濮之战，晋文公达到了"取威定霸"的目的。① 之后，晋文公会盟诸侯于践土，践土之盟是葵丘会盟后又一次中原诸侯的盛会，齐、鲁、宋、蔡、郑、卫、莒及陈皆前来与会，周襄王亲临并策命晋文公为侯伯，晋文公正式成为春秋霸主了。

文公之后晋襄公即位，继续晋国的霸业。首先是破灭了秦国东进中原的企图，公元前 627 年，秦国偷袭郑国未果，返回时在崤山被晋军伏击，秦军全军覆灭，崤之战有力地遏制了秦国的东进势头；其后，晋襄公大举用兵，北伐重创白狄，解除了白狄对中原的威胁；南略讨伐楚国附属之国，并多次与楚交战，进一步巩固晋国的霸权；东征伐卫以讨其不朝，用武力的方式来维护自己的霸主权威。晋襄公通过种种举措，巩固了自己的霸主地位，延续了晋国的霸业。

晋襄公逝后，晋国国内便因继嗣之争发生内乱，待新立国君即位，年级尚幼，无法理政，治国理政的大权自然落到权卿大夫手中。晋灵公即位后，赵盾掌国政，政权自然落到赵氏手中，这也是春秋中后期政治发展的一大趋势。但是这样也会带来诸多的弊端，权力下移加速了晋公室的衰落，权卿大夫为争夺权力势必会引发晋国国政的内乱，这些都导致了晋国霸业的中衰。

---

① 沈长云 . 先秦史 [M]. 北京：人民出版社，2006：249.

在晋国式微之际，南方的楚国实力愈发强盛。城濮之战后，楚国积极向东、南方向征伐扩张，到楚庄王时，楚国已是足以匹敌强晋的存在。所以，鲁宣公三年（公元前 606 年），楚庄王攻伐陆浑之戎后，率军北上，问鼎于周疆，这不仅是对周室的侮辱，更是对晋国霸主地位的挑衅。

> 楚子伐陆浑之戎，遂至于洛，观兵于周疆。定王使王孙满劳楚子。楚子问鼎之大小轻重焉。对曰："在德不在鼎。桀有昏德，鼎迁于商，载祀六百。商纣暴虐，鼎迁于周。周德虽衰，天命未改，鼎之轻重，未可问也。"[1]

楚庄王忌惮于周室的天命，知周室尚不可轻视，退而班师回朝。不过，同年夏，楚国发兵讨伐郑国，因此时郑国是晋国的附属国，此举是对晋国霸权的直接挑战。

鲁宣公十二年（公元前 597 年），楚庄王亲领楚军北上讨伐郑国，晋军前来救郑，大军到达黄河时闻郑国已与楚国讲和，中军主帅荀林父及上军主帅士会建议退兵，而中军偏帅先縠鲁莽行事，径自横渡黄河讨伐楚军，于是晋军全部渡河伐楚。双方在邲之地展开激烈交战，最终楚国大胜。晋军失败的原因并不是晋楚实力的悬殊，而是由于晋军统令不一、军将不睦、军心不齐的缘由，这也是晋国权卿掌行军政大权的一大弊端。楚国在邲之战中的大胜，使楚庄王成为春秋的新霸主。在楚国霸权的淫威之下，临近楚国的诸侯国大都归附了楚国，诸如郑、许、鲁、陈、宋等国，这使得楚庄王的霸业大盛，鲁成公二年（公元前 589 年），楚共王合齐、鲁、蔡、许、秦、宋、陈、卫、郑等十四国在蜀地（今山东泰安附近）会盟，楚国的霸业达到了顶峰。

晋国在景公、厉公、悼公时期进行了积极的复霸斗争。当楚国称霸、经营

---

① 杨伯峻.春秋左传注 [M].北京：中华书局，2009：669-672.

中原时，晋国避其锋芒，将战略中心转向北方的狄族，主动经略赤狄。鲁宣公十五年（公元前594年），晋国出兵伐狄，"六月癸卯，晋荀林父败赤狄于曲梁，灭潞"①，晋军大败赤狄并顺势灭掉了潞氏。次年，晋景公又命士会领兵讨伐赤狄，一举歼灭了赤狄的甲氏及留吁、铎辰等部族。晋国歼灭赤狄后，兼并其土地，实力得到极大地恢复和增强，为其复霸提供了坚实的物质基础。晋国在灭狄后，积极向周围扩展势力范围，向东便与齐国势力产生摩擦，最终酿成战争。鲁成公二年（公元前589年），晋、齐正式宣战，大战于鞌，最终齐师败绩。齐国不得不向晋国屈服，两国盟于爰娄，齐国承认了晋国的盟主地位。战胜齐国极大地提高了晋军的士气、增强了晋国的实力，接着晋国将矛头指向了叛晋归楚的郑国。在晋国的武力征伐之下，郑国向晋求和表示顺服于晋。鲁成公五年（公元前586年），晋国邀集齐、鲁、宋、卫、郑、曹、邾、杞等国在虫牢会盟，晋国复霸的局面已经形成，与楚国再度形成争霸的均势。

楚主蜀之盟与晋主虫牢之盟，中原诸侯两边都参加，一方面说明了晋、楚两国处在相持的均势状态，另一方面也表明夹在晋、楚之间的诸侯生存艰难，这也为之后弭兵的出现提供了可能性。②

### （四）弭兵时期

晋、楚两国长期争霸，连年用兵，给两国造成了极大地消耗，不堪重负，两国之间产生了相互和解的主观意愿；同时，晋楚长年征战混乱的局面使中原各国人民饱受蹂躏之苦，都希望早日结束战争实现和平，于是弭兵之约顺势而生。弭兵之会共有两次，第一次弭兵之会的作用十分有限，很快就破裂于晋楚的再次争霸；而第二次弭兵之会真正起到了弭兵的作用，晋楚两国遵守盟约，和平相处，实现了中原长时间相对稳定的和平局面。各诸侯国纷纷将注意力由

---

① 杨伯峻. 春秋左传注 [M]. 北京：中华书局，2009：763.

② 顾德荣，朱顺龙. 春秋史 [M]. 上海：上海人民出版社，2003：125.

对外关系转向内政。

第一次弭兵之会发生在鲁成公十二年，即公元前 579 年。宋执政大臣华元既与楚令尹子重交好又与晋卿乐书为善，便利用两国派使者互访的机会，奔走两国之间，"华元如楚，遂如晋，合晋、楚之成"①，最终促成了两国的和解，才有第一次弭兵之会。

> 宋华元克合晋、楚之成。夏五月，晋士燮会楚公子罢、许偃。癸亥，盟于宋西门之外，曰："凡晋、楚无相加戎，好恶同之，同恤灾危，备救凶患。若有害楚，则晋伐之。在晋，楚亦如之。交贽往来，道路无壅，谋其不协，而讨不庭有渝此盟，明神殛之，俾队其师，无克胙国。"②

晋国、楚国在宋西门之外举行会盟，会盟的盟辞规定晋、楚两国不再武力相向，彼此休兵言和，互恤灾患；两国应同仇敌忾，互为同盟，休戚相关；还要互相交通，共同谋伐离叛的诸侯。这次会盟史称"西门之盟"。

晋楚虽然结盟，但其关系并没有显著改善，这从晋郤至如楚涖盟中就可以看出。"晋郤至如楚聘，且涖盟。……归，以语范文子。文子曰：'无礼必食言，吾死无日矣夫！'"③晋国郤至到楚国聘问时，楚对其礼仪不周，态度傲慢。范文子认为，楚国的无礼行径预示着其不会履行弭兵之会中晋楚之间的盟约、承诺，范文子预料不久晋、楚又会兵戈相向。事实确实如此，此次弭兵之会并没有从根本上解决晋楚两国的利益之争。维护对中间地带国家的控制权，一直是晋楚争霸的焦点，而且两国都不肯做出退让，两国之间仍然存在着不可调和的矛盾，随时都可能为争夺霸权发生新的冲突。

鲁成公十五年（公元前 576 年），楚国欲出兵北略中原，令尹子反公然挑

---

① 杨伯峻.春秋左传注 [M]. 北京：中华书局，2009：854.

② 杨伯峻.春秋左传注 [M]. 北京：中华书局，2009：856.

③ 杨伯峻.春秋左传注 [M]. 北京：中华书局，2009：857-858.

衅，"敌利则进，何盟之有？"①直接将盟约视为无物。楚国率先违背盟约，向郑、卫两国用兵。晋国岂能坐以待毙，邀集齐、鲁、宋、卫、郑、邾等诸侯会吴国于钟离，与楚国相抗衡。中原和平的局面再次被打破。楚国见势不利，立即收买郑国，郑国叛晋归楚，郑国的反叛招致晋国的讨伐，于是，争取郑国的斗争最终演变成晋楚之间的鄢陵大战。鲁成公十六年（公元前575年），晋厉公发动大军侵郑，楚军救郑，两军在鄢陵之地展开激战，晋国大败楚国，随后，晋在沙随之地与齐、鲁、卫、宋、邾等诸侯相会盟，谋划讨伐郑国，以巩固此次胜利的成果，晋国在与楚国的争霸中掌握了主动。晋悼公即位后，励精图治，南征北伐，复兴了晋国的霸业，于鲁襄公八年（公元前565年）会齐、鲁、郑、宋、卫、邾等诸侯于邢丘之地，"以命朝聘之数，使诸侯之大夫听命"②，晋悼公以霸主之名统领中原诸侯。鲁襄公十六年（公元前557年），晋、楚之间为争夺霸权又有湛阪之战，结果晋国又大胜楚国。晋楚争霸一直在战争中持续。从中我们不难看出，自晋景公、悼公复霸以来，晋国一直在晋楚霸权的争夺过程中占据着主动。

晋国与楚国为争夺春秋霸权进行了长达近一个世纪的征伐战争，不仅使双方损失惨重，还造成了两国严重的内忧外患的处境。晋国政出多门，卿大夫逐渐主政，随着晋公室的日趋没落，晋国内部不同权力争斗异常激烈，严重消耗了晋国的实力；楚国与晋国相仿，除了连年战争造成的国衰民乏外，吴国的不断侵伐成为楚国严重的外部忧患。晋、楚两国难以承担继续争霸所带来的代价，这就为再次弭兵运动提供了客观的条件。此外，夹在晋、楚之间的诸侯国已难以承受"牺牲玉帛候于两境"的剥削和压迫，亟需一个和平稳定的外部发展环境，这就促使弭兵再次被提上日程。

---

① 杨伯峻.春秋左传注[M].北京：中华书局，2009：873.

② 杨伯峻.春秋左传注[M].北京：中华书局，2009：956.

第二次弭兵之会发生在鲁襄公二十七年，即公元前546年。宋国执政大臣向戌顺应时势发展，利用自己与晋执政赵文子、楚令尹子木的私交关系，征得晋、楚、齐、秦及诸侯小国的一致赞同，以成诸侯之弭兵。夏，晋、楚、齐、鲁、蔡、卫、陈、郑、许、曹等诸侯代表先后来到郑国参加弭兵之会。秋，"宋公及诸侯之大夫盟于蒙门之外"①，诸侯在会盟中达成一致决议，即"勿用兵、勿残民、利小国"及"晋楚之从交相朝见"②，要求晋、楚两国休兵，同时不能对其他诸侯小国用兵，营造和平稳定的环境；晋、楚各自的附属之国要共同对晋楚履行同样地义务。这就是历史上有名的"宋之盟"（或称蒙门之约）。

宋之盟是春秋历史的一个重要转折点，标志着中原弭兵运动的成功，结束了晋、楚两国因争夺霸权而造成的军事对峙，形成了两国共同瓜分霸权的局面，中原出现了相对和平稳定的状态，这是有积极意义的。随着弭兵的成功，中原诸侯纷纷将焦点转向国内，新的由卿大夫与公室争夺国家权力的斗争走向了历史前台③，同时春秋霸权争夺的主战场转移到了南方。

---

① 杨伯峻.春秋左传注 [M].北京：中华书局，2009：1133.

② 杨伯峻.春秋左传注 [M].北京：中华书局，2009：1130.

③ 王阁森，唐致卿.齐国史 [M].济南：山东人民出版社，1992：227.

# 第二节　齐国内政的兴衰变迁

姜太公吕尚建国后，根据齐国的现实情况提出了适合齐国发展的建国治国战略方针：因其俗、简其礼，通工商之业、便鱼盐之利，尊贤而尚功，这些政策一经实施便收到了成效，"人民多归齐，齐为大国"[①]，使齐国在西周迅速崛起。太公之后的历代国君基本上继承了其立国治国的政策方针，紧握对"五侯九伯"的征伐大权，经过三百余年的经营，齐国从一个疆域不过百里的侯国发展成为雄踞东方的大国，这就奠定了齐国崛起为春秋大国并成就霸业的历史根基。

## 一、春秋初期的齐国内政

春秋初期的齐国疆域范围，从地望上看，大致东至于海，南到泰山，西到古济河及今运河之西，北到冀鲁交界一带，广运约三五百里之间，其疆域大小，仅次于楚晋，而较鲁、宋、卫、郑、秦国都大。[②]

春秋初期的齐国君主齐僖公以及较早的齐庄公，都是比较有作为的君主，他们坚决推行工商立国的基本国策，因地制宜，利用齐国优势的鱼盐资源，发展工商业；劝女工纺织，大力发展农业纺织业，《史记·货殖列传》称"人物归之，襁之而辐凑，故冠带衣履天下，海岱之间，敛袂而往朝焉"[③]。齐国人口逐渐增多，经济快速发展，成为东方的经济大国。两位国君在政治上也很有作

---

[①]　（汉）司马迁. 史记 [M]. 北京：中华书局，1982：1480.

[②]　王阁森，唐致卿. 齐国史 [M]. 济南：山东人民出版社，1992：175-176.

[③]　（汉）司马迁. 史记 [M]. 北京：中华书局，1982：3265.

为，治理国家井井有条，政府机构协调运作，百姓安居乐业，一派欣欣向荣的和谐局面，史称"庄、僖小霸"。

但到齐襄公当政，尤其是齐襄公后期，政令反复无常，荒淫残暴，"杀诛数不当，淫于妇人，数欺大臣"①，致使齐国政局动荡，最终引发祸乱。

> 齐侯使连称、管至父戍葵丘。瓜时而往，曰："及瓜而代。"期戍，公问不至。请代，弗许。故谋作乱。僖公之母弟曰夷仲年，生公孙无知，有宠于僖公，衣服礼秩如适（嫡）。襄公绌之。二人因之以作乱。弑襄公而立无知。初，公孙无知虐于雍廪。九年春，雍廪杀无知。初、襄公立，无常。鲍叔牙曰："君使民慢，乱将作矣。"奉公子小白出奔莒。乱作，管夷吾、召忽奉公子纠来奔。夏，公伐齐，纳子纠。桓公自莒先入。②（《庄公八、九年》）

齐襄公政令反复无常，作为一国之君，应连称、管至父期年而归的承诺没有遵守，对有血缘之亲的堂弟公孙无知黜其礼秩，这最终导致了公孙无知及连称、管至父的谋乱，将襄公弑杀。无知当政后亦是暴虐，被雍廪人所杀，齐国陷入一片混乱。先前出逃的襄公的两位少弟，一位是管仲辅佐、鲁国支持的公子纠，另一位是鲍叔牙辅佐、齐国国卿支持的公子小白，两人为齐国君位展开激烈争夺，最终公子小白在齐国高氏、国氏二卿的秘密扶持之下，先入为主，即位为齐桓公，齐国的混乱局面才得以平息。

## 二、管仲改革成齐国霸业

齐桓公即位后，立即展开了对鲁国的报复行动。公元前 684 年，桓公率军讨伐鲁国，战于长勺，最终鲁军大败齐师。而齐桓公并不甘心，又联合宋一起

---

① （汉）司马迁. 史记 [M]. 北京：中华书局，1982：1485.

② 杨伯峻. 春秋左传注 [M]. 北京：中华书局，2009：174–179.

伐鲁，战于承丘，齐、宋之师又败。战争的失利给齐桓公以沉重打击，作为一位有抱负的开明君主，齐桓公进行了深刻地反思，意识到了他对齐国的实际情况做出了错误的预判，长期的内乱和战争使齐国的国力大国削弱，在春秋形势中已处于不利地位；并痛定思痛，进一步意识到齐国的当务之急不在对外关系而在内政，需要修务内政，富国强民。

齐桓公广纳贤士，鲍叔牙向桓公举荐管仲，"君且欲霸，非管夷吾不可。夷吾所居国国重，不可失也"[1]。于是桓公重用管仲，破格提拔其为上卿，尊为仲父，全力支持管仲改革。管仲励精图治，深耕改革，在政治、军事、经济、对外关系等方面建树卓越，使齐国一跃而成为春秋强国，并进一步辅佐齐桓公成就霸业，成为春秋五霸之首。管仲的改革奠定了齐国霸权外交的基础，而改革后的富国强兵也为齐桓公推行霸权提供了坚实的物质保障。

管仲在改革之初就制定了"实行国鄙之制，叁其国而伍其鄙；军政合一，作内政而寄军令；定四民之居，使各安其业；相地衰征，尽地力，官山海，盐铁专卖；睦邻安邦，尊王攘夷"[2]的改革总方针，并制定相应地政策，在政治、军事、经济、对外关系等方方面面都提出了全方位的改革方案，开春秋改革变制之先河。

### （一）管仲政治改革

管仲政治改革的纲领是"叁其国而伍其鄙，定民之居，成民之事，陵为之终，而慎用其六柄焉"[3]。具体来说表现为，改革地方行政区划，叁其国而伍其鄙；士、农、工、商四民分业定居；继承和变革周礼，服务于齐国的内政、外交，助桓公行霸道。

---

①　（汉）司马迁.史记[M].北京：中华书局，1982：1486.

②　王阁森，唐致卿.齐国史[M].济南：山东人民出版社，1992：180.

③　徐元诰.国语集解[M].北京：中华书局，2002：219.

1. 叁其国而伍其鄙

行政区划是在"既定的政治目的与行政管理需要的指导下"①,对国土和权力进行再分配的一种政治行为。管仲为加强控制和组织管理,推行法治,提出了新的地方行政区划,"叁其国而伍其鄙",即三分国都而五分鄙野,将国都分为士、工、商三乡,将鄙野分为五属,然后在乡、属之下再划分出各级行政组织,分别设官立职管理之。② 这就是管仲推行的地方行政组织机构的改革措施。

对此《国语·齐语》记载:

> 桓公曰:"定民之居若何?"管子对曰:"制国以为二十一乡。"管子于是制国以为二十一乡:工商之乡六,士乡十五,公帅五乡焉,国子帅五乡焉,高子帅五乡焉。叁国起案,以为三官,臣立三宰,工立三族,市立三乡,泽立三虞,山立五衡。管子于是制国:五家为轨,轨为之长;十轨为里,里有司;四里为连,连为之长;十连为乡,乡有良人焉。③

> 桓公曰:"定民之居若何?"管子对曰:"制鄙,三十家为邑,邑有司;十邑为卒,卒有卒帅;十卒为乡,乡有乡帅;三乡为县,县有县帅;十县为属,属有大夫。五属,故立五大夫,各使治一属焉;立五正,各使听一属焉。是故正之政听属,牧政听县,下政听乡。"④

《管子·小匡》中记载:

> 桓公曰:"叁国乃何?"管子对曰:"制国以为二十一乡,商工之乡六,

---

① 周振鹤. 中国行政区划通史(先秦卷)[M]. 上海:复旦大学出版社,2009:8.

② 宣兆琦. 论管仲的政治改革 [J]. 淄博师专学报,1996(1):24-31.

③ 徐元诰. 国语集解 [M]. 北京:中华书局,2002:222-224.

④ 徐元诰. 国语集解 [M]. 北京:中华书局,2002:228.

士农之乡十五。公帅十一乡，高子帅五乡，国子帅五乡，叁国故为三军。公立三官之臣，市立三乡，工立三族，泽立三虞，山立三衡。制五家为轨，轨有长。十轨为里，里有司。四里为连，连有长。十连为乡，乡有良人。三乡一帅。"桓公曰："五鄙奈何？"管子对曰："制五家为轨，轨有长。六轨为邑，邑有司。十邑为率，率有长。十率为乡，乡有良人。三乡为属，属有帅。五属一大夫，武政听属，文政听乡，各保而听，毋有淫泆者。"①

根据以上《国语》《管子》所记载的事实进行总结，我们以表格的形式将国、鄙的基层行政组织整理出来。如下：

表 2　国、鄙的基层行政组织

| | 行政编制 | 官职 |
| --- | --- | --- |
| 国 | 轨（五家） | 轨长 |
| | 里（十轨） | 里有司 |
| | 连（四里） | 连长 |
| | 乡（十连） | 乡良人 |
| | 一（五乡） | 五乡之帅 |
| 鄙 | 轨（五家） | 轨长 |
| | 邑（六轨） | 邑有司 |
| | 卒（十邑） | 卒帅 |
| | 乡（十卒） | 乡帅 |
| | 县（三乡） | 县帅 |
| | 属（十县） | 属大夫 |

以这些基层行政组织为基础，构建形成了齐国的地方行政组织体系。在国

---

① 黎翔凤撰，梁运华整理.管子校注 [M].北京：中华书局，2004：400.

都共二十一乡中，士十五乡，由国君和高、国二卿分管五乡，把国政分为三项，确立三官制度，立三宰，掌管群臣；工商各三乡，分立三族、三乡管之；设三虞之官掌川泽水产，设三衡之官管山林事务。① 在鄙野五个属中，分别在五个属大夫之下设置五正，共同管理行政、军政要务。上下统属的官僚行政机构，保证行政命令的有效传达，保证各级政权和社会秩序的稳定。

2. 四民分业定居

为了适应社会生产发展所带来的社会分工精细化的社会需要，同时为了加强对各阶层的控制，管仲提出了"四民分业定居"的政策，即"定民之居，成民之事"。按照士、农、工、商的职业结构，使士、农、工、商四民各安其所、各居其职，不使其杂处，这样便于相互切磋，精益求精地发展各自的技艺，以增加产出，增强实力。② 这是管仲改革的战略总布局。

对此《国语·齐语》记载：

> 桓公曰："成民之事若何？"管子对曰："四民者勿使杂处，杂处则其言咙，其事易。"公曰："处士、农、工、商若何？"管子对曰："昔圣王之处士也，使就闲燕；处工，就官府；处商，就市井；处农，就田野。③

《管子·小匡》中记载：

> 桓公曰："定民之居，成民之事奈何？"管子对曰："士农工商四民者，国之石民也，不可使杂处。杂处则其言咙，其事乱。是故圣王

---

① 王阁森，唐致卿．齐国史 [M]．济南：山东人民出版社，1992：183.

② 郑杰文．姜齐历次改革的成败及启示 [J]．山东社会科学，2003（6）：79-81.

③ 徐元诰．国语集解 [M]．北京：中华书局，2002：219-221.

之处士必于闲燕，处农必就田野，处工必就官府，处商必就市井。"①

管仲的"四民分业定居"，使四民按照职业集中居住，固定其住处，只能在本职业范围内交流学习，不允许发生横向联系，使"士之子恒为士""农之子恒为农""工之子恒为工""商之子恒为商"，代代相传，世任其事，各安其业，社会分工明确，有利于促进工商业的发展，同时也有利于维护社会秩序的稳定。

3.继承、变革周礼，服务齐国内政外交，助行霸道

西周初定，周公制礼作乐，周礼在西周政治秩序建立及国家治理中发挥着重要作用，是"治国的大经之法"②。以治国为第一要务的管仲深谙为政之道，精通于周礼，也明白在春秋之世周礼对齐国的重大意义，所以，管仲将其列为"四维"之首，"何谓四维？一曰礼，二曰义，三曰廉，四曰耻"③；同时也将其列入治国"五经"之一，"德有六兴，义有七体，礼有八经，法有五务，权有三度，故曰五经"④。由此看出，管仲对周礼的重视程度，既然周礼有如此重要的作用，管仲当然会将其运用到齐国的内政治理和对外关系之中，为齐国的霸权服务。"古今递迁，道随时降，王霸迭兴，政由俗改，吾以为周公经制之大备，盖所以成王道之终。管子能变其常而通其穷，亦所以基伯道之始。"⑤管仲精通于周礼，比肩周公助成王行王道，助齐桓公行霸道。

管仲继承和变革周礼，将周礼以各种形式运用到齐国的国家内政治理和对外交往之中，内政用礼以维护秩序、富国强民，对外关系用礼则服务于齐桓公

①　黎翔凤撰，梁运华整理.管子校注 [M].北京：中华书局，2004：400-402.

②　杨向奎.宗周社会与礼乐文明 [M].北京：人民出版社，1997：282.

③　黎翔凤撰，梁运华整理.管子校注 [M].北京：中华书局，2004：11.

④　黎翔凤撰，梁运华整理.管子校注 [M].北京：中华书局，2004：194.

⑤　戴望.管子校正 [M].北京：中华书局，1954：1-2.

的霸权。管仲用礼于对外关系主要是在礼仪方面的继承、变革。管仲重礼，通过这些外在的仪式和规范来实现齐国在对外关系上霸权地位的稳定性。在礼崩乐坏的春秋乱世，没有统一的礼乐规范约束，违背礼仪的现象比比皆是，而结合当时的时代背景，周室衰微，诸侯混战，外族来侵，能团结并率领诸侯"尊王攘夷"，这可谓当时最大的重礼行为，管仲在大的礼仪方面是不僭越的。最好的证明便是，周襄王曾准备以上卿礼待管仲，而管仲不受，终以下卿之礼受之。而孔子所批评的"非礼的本质，而是指个人生活方面的小节"①。此外，管仲对周礼形式的复杂过程进行革新，跳过那些繁文缛节，注重礼仪所能体现的礼治功能，《管子·禁藏》篇记载"礼仪足以别贵贱"②，这也反映出其"简其礼"的治国理念。

### （二）管仲军事改革

"国之大事，在祀与戎"③，军事实力对国家具有重要战略意义。管仲深知桓公想要取得霸权，必须要有强大的军事实力作为后盾。若明目张胆地扩充军备，其他诸侯国也会做相应抵御的准备，"君若正卒伍、修甲兵，则大国亦将正卒伍、修甲兵，则难以速得志矣。君有攻伐之器，小国诸侯有守御之备，则难以速得志矣"④，则齐国在短时间内不会得志。于是管仲创造了一种隐蔽的方式，借建立的行政机构组织，寓兵于民，把人民群众纳入军事编制，建立军政合一的体制，即"作内政而寄军令"。

对此《国语·齐语》记载：

> 管子对曰："作内政而寄军令焉"。管子于是制国，以为军令：五

---

① 于孔宝.管子与齐文化 [M].北京：北京经济学院出版社，1990：122.

② 黎翔凤撰，梁运华整理.管子校注 [M].北京：中华书局，2004：1012.

③ 杨伯峻.春秋左传注 [M].北京：中华书局，2009：861.

④ 徐元诰.国语集解 [M].北京：中华书局，2002：223-224.

家为轨，故五人为伍，轨长帅之；十轨为里，故五十人为小戎，里有司帅之；四里为连，故二百人为卒，连长帅之；十连为乡，故二千人为旅，乡良人帅之；五乡一帅，故万人为一军，五乡之帅帅之。三军，故有中军之鼓，有国子之鼓，有高子之鼓。①

《管子·小匡》中记载：

管子对曰："作内政而寓军令焉。为高子之里，为国子之里，为公里。三分齐国，以为三军。……以为军令。是故五家为轨，五人为伍，轨长率之。十轨为里，故五十人为小戎，里有司率之。四里为连，故二百人为卒，连长率之。十连为乡，故二千人为旅，乡良人率之。五乡一帅，故万人一军，五乡之帅率之。三军故有中军之鼓，有高子之鼓，有国子之鼓。"②

根据以上《国语》《管子》中的资料记载，对比先前国都的行政编制，现将士之十五乡的军事编制及官职配套整理，表格如下。

表3　士之十五乡的军事编制及官职配套

| 行政编制 | 军事编制 | 军事官职 |
| --- | --- | --- |
| 轨（五家） | 伍（五人） | 轨长 |
| 里（十轨） | 小戎（五十人） | 里有司 |
| 连（四里） | 卒（二百人） | 连长 |
| 乡（十连） | 旅（两千人） | 乡良人 |
| ——（五乡） | 军（万人） | 五乡之帅 |

齐国国都十五士乡分设三军，万人为一军，齐国便有三万的常备军及更多

---

① 徐元诰.国语集解 [M].北京：中华书局，2002：224.

② 黎翔凤撰，梁运华整理.管子校注 [M].北京：中华书局，2004：413.

的后备军。在十五士乡设立的轨、里、连、乡的行政编制组织，即是保甲组织，又是军事组织。管仲这种寓兵于政、军政合一的体制，连五家之兵足兵之法，是整军经武、张大齐国国威的一个创举。①

军事编制调整以后，要对士兵进行训练，以提高战斗力。《管子·小匡》在这方面有记载，"春以田曰蒐，振旅。秋以田曰狝，治兵。是故卒伍政定于里，军旅郑定于郊"②。在春、秋两季的田猎时，三军训练战阵攻守，不断适应战争环境，提高战斗素养，增强战斗能力，以应对随时可能发生的战争。加之先前管仲实行的"四民分业定居"政策，士只聚居在国都的十五士乡之中，这样，士兵的聚居为其训练作业提供了更为有利的条件，"是故守则同固，战则同疆"③。管仲认为，国家有这样一支三万常备军，诸侯莫之能御，桓公霸业可得矣。

有了训练有素的常备军，士兵保持战斗力必须配备精良的武器装备。齐国虽然日渐强大，但桓公即位时的夺位之乱及后来与鲁国的几次战争，使得齐国劳民伤财，国力空虚，没有条件给所有士兵装备精良的武器。于是，管仲采取了"宽刑赎罪"的措施来解决军队的供应问题。《国语·齐语》记载：

> 桓公问曰："夫军令则寄诸内政矣，齐国寡甲兵，为之若何？"管仲对曰："轻过而移诸甲兵。制重罪赎以犀甲一戟，轻罪赎以鞼盾一戟，小罪谪以金分，宥闲罪。索讼者，三禁而不可上下，坐成以束矢。美金以铸剑戟，试诸狗马，恶金以铸锄、夷、斤、斸，试诸壤土。"甲兵大足。④

---

① 王阁森，唐致卿．齐国史 [M]．济南：山东人民出版社，1992：184，

② 黎翔凤撰，梁运华整理．管子校注 [M]．北京：中华书局，2004：413．

③ 徐元诰．国语集解 [M]．北京：中华书局，2002：225．

④ 徐元诰．国语集解 [M]．北京：中华书局，2002：230-231．

简而言之，假如一个人犯了罪，可以以甲兵赎罪的方式来减轻他的罪过。可以用一副犀甲和一副车戟赎种罪，可以用皮盾和一副车戟赎轻罪，小罪要用不同数量的铜铁来赎，诉讼者要上交十二支箭作为费用。这样一来，管仲通过"宽刑赎罪"的措施，不但解决了齐国的军备紧张的问题，还扩大了齐国的财政的来源。

管仲的军事改革构建了完整的军事政治体制，改变了齐国的军事面貌，极大地提高了齐国军队的战斗力，使齐国一跃成为当时的军事强国，为齐桓公争夺霸权奠定了坚实的军事政治基础。

### （三）管仲经济改革

管仲经济改革的重要原则，是将齐国经济结构由发展工商业为主逐渐向农工商并重并着重发展农业的方向转变。这是管仲在审时度势之后做出的重大决断。太公立国时确立"通工商之业、便鱼盐之利"的工商立国政策，是由当时复杂的外部环境和新立齐国的现实国情所决定的，在当时是十分行之有效的。而发展到桓公时期，齐国的外部环境和内部国情都已经发生了根本性的改变，尤其是历史逐渐向封建农业社会过渡，管仲作为改革家敏锐地察觉到这些，越发认识到发展农业的极端重要性，"凡治国之道，必先富民，民富则易治也。夫富国多粟，生于农。粟也者，民之所归也。粟也者，财之能归也。粟也者，地之所归也。粟多则天下之物尽至矣"①。农业生产不仅涉及到农民的生活，还事关国家安定和民心向背，所以管仲果断地将齐国引向以农业立国并农工商协调发展的道路上来，毫无疑问，这是一个伟大的决策。

管仲的经济改革，主要是通过利民富民而求得利国富国，最终实现富国强兵的目的。具体来说，以相地而衰征的土地赋税制度改革来调整农业生产关系，一以贯之地促进工商业及对外贸易的发展，以官山海和盐铁专卖制度来增

---

① 黎翔凤撰，梁运华整理.管子校注 [M].北京：中华书局，2004：924-926.

加国家财政收入。所以，整顿赋税、发展工商业和对外贸易、扩大财源是管仲经济改革的主要内容。

1. 以农业为本，实行相地衰征的土地赋税改革

管仲经济改革的首要目标，是以农业为本业促进农业生产发展。为此，他重点调整农业生产关系，改革土地赋税制度，以适应当时生产力的不断变革。对此，管仲提出了"相地而衰征，民不移"①的政策，《国语》韦昭注曰：相，视也。衰，差也。视土地之美恶及所生出，以差征赋之轻重也。具体来说，该政策包括三个方面的主要内容：相地、均田分力、与之分货。

首先是相地。相地，即视察土地情况，对当时齐国全境内的土地进行大规模的彻底的测量，不仅仅是耕地，山林川泽及旱地洼地等都包括在内，并登记造册。无论土地是类型、宽狭、大小、质量好坏，都要测量并分出等级，将土地分为上壤、间壤、下壤三个等级，求得土地的地均。所言地均，不是指自然状态下的每亩土地，而是与耕地粮食产量相当的标准亩，而山林川泽等土地中不能生产粮食，那就依其生产树木、鱼虾等按照要求折合成标准亩。《管子·乘马》进一步解释：地之不可食者，山之无木者，百而当一；涸泽，百而当一……林，其木可以为棺，可以为车，斤斧得入焉，五而当一；泽，网罟得入焉，五而当一。命之曰地均，以实数。②各类土地都要折合成以耕地粮食产量为标准的标准亩。

其次是均田分力。所谓均田，就是将公田拿出来同各家原有的份地一起平均分配；所谓分力，就是实行各家各户小农经济的分散经营。这就是国家授田制，是土地关系的新调整，是经济改革中关键的一步。在均田分力政策的鼓励下，激发了农民的生产积极性，达到了地尽其利、民尽其力的目的。

---

① 徐元诰.国语集解 [M].北京：中华书局，2002：227.

② 黎翔凤撰，梁运华整理.管子校注 [M].北京：中华书局，2004：89.

再次是与之分货。《管子·乘马》解释"与之分货"为：与之分货则民知得正矣，审其分则民尽力矣。①这实际上实行的是实物地租分成制，且分成比例固定，农民尽力愈多所得愈多。正如马克思所说：实行实物地租后，农民"为自己的劳动和他为土地所有者的劳动，在时间上和空间上已不再明显分开"②。这就意味着农民自主经营权在扩大，人身依附关系也相对减弱，有了更大的自由空间来安排农事，这对农业的发展贡献是巨大的。

相地衰征的份地并不是长期占有，而会定期轮换，以保证分配公平。同时，管仲还提醒桓公予民以时，"无夺民时，则百姓富；牺牲不略，则牛羊遂"③；还主张轻徭薄赋，减轻农民的负担。管仲的这些措施，调整了农业生产关系，为齐国振兴农业、富国强兵打下了基础。

2. 发展工商业，鼓励对外贸易

春秋时期生产力的进步要求工商业有新的发展，但分裂混乱的局面又使得各国商业往来备受限制，这就要求各国统治者采取相应的贸易政策。④管仲敏锐地察觉到这一发展趋势，便在齐国实行了开明的商业和贸易政策。管仲确立以农为本的经济原则，同时一以贯之地秉承了太公时期的重商传统，兼顾工商业的发展。管仲深知工商业与农业都是国家经济中的重要组成部分，农业是立国之本，而重视发展工商业则是民富国强的最为重要的途径，"用贫求富，农不如工，工不如商，刺绣文不如倚市门"⑤。管仲对工商业在经济发展中的重要作用给予高度评价，对手工业者和商人得地位也给予充分的肯定，《管子·小

---

①　黎翔凤撰，梁运华整理. 管子校注 [M]. 北京：中华书局，2004：92.

②　（德）卡尔·马克思. 资本论（第3卷）[M]. 北京：人民出版社，2004：896.

③　徐元诰. 国语集解 [M]. 北京：中华书局，2002：228.

④　赵梦涵. 论管仲的经济改革思想 [J]. 管子学刊，1988（1）：9-14.

⑤　（汉）司马迁. 史记 [M]. 北京：中华书局，1982：3258.

匡》篇记："士农工商四民者，国之石民也。"① 石，即柱之石也，石民者，意士农工商四民于国的意义犹石于柱的意义，管仲视工商业者为国家之柱石之民，足见其对工商业的重视程度。

管仲重视手工业的发展。依托齐国独特而优越的自然地理条件，滨海产鱼，渔业发达；山泽、丘渍所出，林牧业产出丰富；鼓励经营桑麻、百果、六畜等经济作物，由此齐国的渔业、林牧副业、纺织业、制陶业等手工产业获得了长足的发展和进步。管仲尤为重视齐国的纺织业，他认为"一农不耕，民或为之饥，一女不织，民或为之寒"②，经过几年的发展，出现了《史记·货殖列传》中"膏壤千里，宜桑麻，人民多文彩布帛"③ 的人文景象，使得春秋时期的山东地区一跃成为"冠带衣履天下"的蚕桑丝绸业中心。管仲对手工业的重视极大地调动了从业者的生产积极性，手工业产品大增，为齐国的商业贸易提供了滚滚货源。

管仲也极为重视商业贸易的发展。在商业流通过程中，管仲在尊重市场调控运行的基础上，运用"轻重之术"发挥政府的宏观调控作用。轻重之术的核心理念就是《管子·国蓄》中所说的"凡轻重之大利，以重射轻，以贱泄平"，具体表现为，"谷贱则以币予食，布帛贱则以币予衣。视物之轻重，而御之以准，故贵贱可调，而君得其利"。④ 当粮食布帛等商品供过于求，物价下跌时，国家用货币收购剩余的商品；当粮食布帛等供不应求，物价上涨时，国家向市场抛售商品，这样做的目的一方面为了使物价保持稳定，施惠于民，另一方面是防止商人牟取暴利，由国家持轻重之权，在这一过程中增收国家财政。《管

---

① 黎翔凤撰，梁运华整理. 管子校注 [M]. 北京：中华书局，2004：400.

② 黎翔凤撰，梁运华整理. 管子校注 [M]. 北京：中华书局，2004：1430.

③ （汉）司马迁. 史记 [M]. 北京：中华书局，1982：3258.

④ 黎翔凤撰，梁运华整理. 管子校注 [M]. 北京：中华书局，2004：1274-1275.

子·轻重甲》篇记载的"鹤杂之谋""五吏之谋"，也利用轻重之术来引导制造业、渔业的发展。总之，轻重之术与市场规律的互补运行，共同促进着经济的良性发展。轻重之术在对外贸易中也同样得到适用。

管仲依托齐国丰富的资源和产品，积极开展对外贸易，齐国将鱼、盐、丝织品、陶器等产品销往他国，同时采取优惠政策吸引他国商人来齐经商，以达到"来天下之财，致天下之民"①的目的。例如，实行优惠的税收政策，管仲针对不同的商业贸易类型采取不同的优惠措施；设立专门的官员为外商提供优质服务，"为诸侯之商贾立客舍，一乘者有食，二乘者有刍菽，五乘者有伍养，天下之商贾归齐若流水"②，等等，在这些优厚条件的吸引下，各国商贾源源不断地涌入齐国。除陆地贸易外，齐国还经营与燕国的海上贸易。

这些政策的实施，有力地推动了齐国工商贸易的发展，增强了国家实力，达到了"通货积财，富国强兵"的目的，使齐国成为中原的经济强国。

3. 财政上，实行官山海盐铁专卖制度

管仲在财政上的改革是属于工商业的部分，但考虑到国家财政对国家的重要意义，于内政治稳定、发展生产，于外发展对外关系、军事战争等，都是以国家的财政实力作为基础，所以有必要拿出来作为一小节单独进行研究概述。

为了解决国家的财政问题，管仲充分利用了齐国依山负海的地理环境优势和重商传统，对经济生产方式进行局部改革，实行官山海，首创盐铁专卖。官山海概括为"民产官营"，即民间生产，官府统销统购。官府重点在加强流通领域的控制。这些财政政策得益于管仲的财政思想，即减轻赋税收入，增加经济收入，所谓经济收入，"都是通过贸易交换方式所获得的收入，而不是国家

---

① 黎翔凤撰，梁运华整理. 管子校注 [M]. 北京：中华书局，2004：1398.

② 黎翔凤撰，梁运华整理. 管子校注 [M]. 北京：中华书局，2004：1468.

直接经营生产活动获得的利润"①。

何谓官山海?《管子·海王》篇中管仲给出解释:"海王之国,谨正盐筴。"②意为以负海之利而成就王业的国家,要对盐进行专卖。所以官山海的主要内容就是实行盐铁的直接专卖。由官府专卖,利润落入国家手中,这对改善并充实国家财政收入有巨大的帮助。管仲深知"夫山、泽、林、盐,国之宝也"③,便创立的了盐铁专卖的制度。管仲不是一次性的把盐铁生产销售全部收归官营,而是采用民产官营的方式,把生产权放给人民,由官府收购成品,运输调剂供求关系,通过盐斤加价、铁品加价的办法销售国内外。④这种方式的流程可以归结为"民产、管收、官运、官销"。《管子·海王》中有记载:"釜十五,吾受而官出之一百。我未与其本事也,受人之事,以重相推。"⑤官府在民间以五十的低价收购,再以加价一百的价格售出,这中间官府并没有参与生产过程,只是将盐铁的流通牢牢掌握在自己手中,在不停地买进卖出中获取巨额的利润收入。

管仲将税收隐蔽于售价之中,既缓和了因苛捐杂税引起的阶级矛盾,又使国家从中获得巨额利润。另外,盐铁生产下方民间,鼓励工商业者从事大规模生产,从而改变了齐国的生产结构,促进了工商业的繁荣。总之,盐铁专卖制度的实施直接充盈了齐国的财政收入,促进了社会生产和工商业的发展,为齐桓公的霸业奠定了雄厚的物质基础。

---

① 胡寄窗. 中国经济思想史 [M]. 上海:上海人民出版社,1998:353、359.

② 黎翔凤撰,梁运华整理. 管子校注 [M]. 北京:中华书局,2004:1246.

③ 杨伯峻. 春秋左传注 [M]. 北京:中华书局,2009:829.

④ 王阁森,唐致卿. 齐国史 [M]. 济南:山东人民出版社,1992:197.

⑤ 黎翔凤撰,梁运华整理. 管子校注 [M]. 北京:中华书局,2004:1256.

### （四）管仲对外关系改革

春秋时期正处于政权下移的时代，《论语·季氏》篇记载了孔子对这个时期历史的评价，"天下有道，则礼乐征伐自天子出；天下无道，则礼乐征伐自诸侯出"①，这正为齐国推行霸王对外关系提供了契合的外部环境。齐桓公时期的对外关系政策大多是以管仲的对外关系思想为基础展开的，而管仲对外关系思想的付诸实践也是以其前期在经济、政治、军事等方面的改革而取得的丰硕成果为基本前提的，管仲的对外关系思想指导着齐国的对外关系政策，而齐国实行的一系列的对外关系政策都是为齐国的霸政服务的。

管仲对外关系思想的首要原则：天子之臣诸兼侯之长的强霸对外关系。这要在两个方面加以阐述，首先，天子之臣，表面上是齐国仍要尊奉周天子，辅佐周王室，维护周礼，继续帮助周室维持其"天下共主"的地位，实则是齐桓公借助周天子的名义来树立自己的威望；其次，诸侯之长，表明齐国要奉行霸政，统率领导诸侯，通过建立诸侯联盟的形式来维护齐国的霸权，履行其团结诸侯、抵御外夷、保卫中原的责任和义务。所以，"尊王攘夷"也就成为管仲对外关系政策中最具有实质性意义的内容。

管仲对外关系思想的核心，即《国语·齐语》中总结的"拘之以利，结之以信，示之以武"，突出表现了运用对外关系手段不战而胜的思想内核。② 以利益、好处拉拢诸侯，诸侯从之，"利"来源于齐国的经济实力；以信、德、礼、义使诸侯团结、臣服，诸侯从之，"信"来源于齐国的政治威信；以武力镇威于诸侯，诸侯从之，"武"来源于齐国的军事实力。由此可见，管仲对外关系思想是以齐国的综合实力为根本保障，在此基础上实施的对外关系政策，

---

① 杨伯峻 . 论语译注 [M]. 北京：中华书局，2009：172.

② 李耀 .《管子》政治思想研究 [D]. 安徽大学博士学位论文，2013.

最终实现了"天下小国诸侯既许桓公,莫之敢背,就其利而信其人,畏其武"①的称霸目的。

管仲在桓公的大力支持下推行的改革,取得了卓越的成效,政治改革调整齐国的社会结构,稳定了齐国的政治大局,缓和了国内的种种矛盾,使齐国人心思治、政治清明开化,形成了稳定和谐的内部局面;军事改革使齐国建立了系统的军政合一的军事政治体制,为齐国争夺春秋霸权提供了坚实的军事保障;经济改革的推行全面促进了齐国农业、手工业、商业以及贸易的繁荣,在此基础上的财政政策充盈了国库,达到了"通国积财,国富兵强"②的目的,使齐国成为经济强国,为齐国的霸业奠定了坚实的物质基础。以齐国国内稳定繁荣的局面为依托,齐桓公在管仲的辅佐之下,积极地对外扩张,开展多种形式的对外关系活动,采取丰富的对外关系政策,维护周礼,内尊周王;亲邻安邻,外攘夷狄;军事征伐,武力征讨;推行霸权外交,重塑春秋新秩序。总之,正如《晏子春秋》中齐景公所言:"昔吾先君桓公,有管仲夷吾保乂齐国,能遂武功而立文德,纠合兄弟,抚存冀州,吴越受令,荆楚惛忧,莫不宾服,勤于周室,天子加德。先君昭功,管子之力也。"③齐桓公"兵车之会三,而乘车之会六,九合诸侯,一匡天下"④,成为五霸之首,成就齐国霸业伟绩,齐桓公在此基础上开创了春秋一代的霸权迭兴之风,为社会历史的发展做出了重要贡献⑤。

---

① 徐元诰.国语集解[M].北京:中华书局,2002:239.

② 黎翔凤撰,梁运华整理.管子校注[M].北京:中华书局,2004:1297.

③ 张纯一撰,梁运华点校.晏子春秋校注[M].北京:中华书局,2014:137-138.

④ (汉)司马迁.史记[M].北京:中华书局,1982:1491.

⑤ 晁福林著,何兹全主编.春秋战国的社会变迁[M].北京:商务印书馆,2011:93.

### 三、春秋中期齐国内乱

齐桓公晚年，管仲、鲍叔牙及隰朋等重臣相继去世，重用易牙、竖刁、开方等奸佞小人；桓公一生迷恋酒色，好内博宠，夫人三人，内嬖如夫人达六人，且夫人无子而内嬖有后，这为桓公身后的内乱埋下了隐患。桓公殁后，后宫与宦官勾结当权，专擅公室大权，行废立大事，左右君位继承。先前，公子无亏为长子当立为太子，桓公却把公子昭委托于宋襄公，作为储君之选，公子无亏之母卫共姬通过贿赂易牙向桓公献媚，桓公应承无亏为太子而又迟迟不废除公子昭，这就造成了君位继承上的混乱。公子无亏、公子昭、公子潘、公子商人、公子元五公子纷纷拉拢朝臣、结党营私，谋求争取太子之位。

桓公死后，五公子对君位的争夺由暗斗转为明抢，相互之间攻伐不断。公子无亏在易牙等权臣的扶持之下即位，但不久，宋襄公兑现桓公生前嘱托，率军队平定齐国内乱，扶持公子昭即位，是为齐孝公。孝公在位时仍以霸主自居，在位十年，其弟公子潘依靠开方的支持杀其子而自立，是为齐昭公。昭公在位二十年，是五子在位最长的一位，但依旧未能摆脱孝公的命运，公子商人杀其子而自立，是为齐懿公。懿公暴虐，在位仅四年就被杀，公子元即位，为齐惠公，惠公在位十年，齐国内乱才逐渐平息。但五公子为争夺君位而相互攻伐，造成了齐国长达四十四年的宫廷内乱，并且内乱不断向外延伸动荡使整个国家都处于动荡的局面。统治阶级内部的分裂，内政混乱，使齐国国力下降，齐国彻底失去了春秋霸主的地位。

诸公子为争夺君位而造成的长时间的内乱严重消耗了齐国公室的实力，使得齐公室渐卑，而公子上位不得不寻求私门的支持，又使得私门的实力逐渐膨胀，一些大夫更是得国君宠信而权力加身执掌国柄，权力的膨胀最终演变成了后来的崔庆、栾高之祸乱。

**（一）崔庆之乱**

鲁成公十七年（公元前 574 年），齐灵公封崔杼为大夫，并任命庆克为辅佐，"齐侯使崔杼为大夫，使庆克佐之，帅师围卢"①，派其率军围剿卢地的高氏叛乱，在平定内乱后，灵公加封庆封为大夫，任命庆佐为司寇，与崔杼共同主持齐国国政，此后崔氏、庆氏便逐渐掌握齐国权柄。

齐灵公多有内宠，娶声姬生公子光，宠妾生公子牙，灵公先立公子光而后废黜并将其放逐，又立公子牙为太子。至到灵公病重，崔杼把握时机，暗中迎回公子光即位，是为齐庄公。庄公是在崔杼的大力辅佐之下才得以即位，即位后对崔杼尤为宠信，与崔杼结为死党，排除异己，齐国逐渐形成了崔庆专政的局面。

随着权力欲望的膨胀，崔杼日渐骄横，甚至不把齐庄公放在眼里。此时齐晋有冲突，在伐晋问题上，齐庄公与崔杼意见不合，庄公并没有听取崔杼的意见，崔杼为此怀恨在心，并向陈文子表达自己的不满，"吾言于君，君弗听也。以为盟主，而利其难。群臣若急，君于何有？"②这句话赤裸裸地暗示了崔杼的野心，若君臣之间有急，则臣不会顾及君主了，言外之意为他既然能扶持庄公上位也有办法让其下台。政治野心昭然若揭，这就预示着齐国会因崔杼乱政而发生祸乱。

齐庄公好色，见崔杼妻棠姜美艳而多次与之通奸，崔杼对此怀恨在心，并起弑君之心。公元前 548 年夏，莒国来齐朝贡为崔杼提供了机会。庄公设宴款待莒子，崔杼借此故意不上朝，庄公以看望崔杼为由再次与棠姜私通，被早已准备好的崔杼、庆封之伏兵包围，庄公最终被弑杀。崔杼于是立庄公的异母弟杵臼为君，是为齐景公，自封为国相，又任命帮助其篡逆的庆封为左相，"崔

---

① 杨伯峻 . 春秋左传注 [M]. 北京：中华书局，2009：900.

② 杨伯峻 . 春秋左传注 [M]. 北京：中华书局，2009：1077.

杼立而相之。庆封为左相，盟国人于大宫，曰：'所不与崔、庆者。'"①并与国人在太庙盟誓，威胁逼迫其就范。崔杼、庆封的种种恶性早已严重紊乱了齐国朝纲，专擅国政大权，弑杀君主、左右君位继承，行废立大事，造成了齐国严重的内乱。

鲁襄公二十七年（公元前546年），崔杼家族内部有发生内乱。崔杼原有成、强二子，后娶棠姜生明，三子为争夺嫡长子继承权展开了激烈的斗争。庆封得知后，欲利用此次就会取代崔杼而独掌大权。于是庆封用计离间崔氏诸子，使其彼此相互残杀，之后庆封再以出面调解讲和为由，出兵攻打崔氏，尽灭崔氏宗族，最终也迫使崔杼自杀。崔杼内乱虽得到平息，但齐国国政全部落在庆封手中，庆封当国，齐国仍然面临内乱的危机。

庆封当政甚于崔杼，酷爱田猎，不理朝政，将国政委托与子庆舍，整日饮酒作乐，荒淫无度。更甚者，庆封指使他人虐待景公，"公膳日双鸡，饔人窃更之以鹜，御者知之，则去其肉而以其洎馈"②。庆封的行迹已暴露其废君篡国的意图，这引起了公室及国人的普遍不满，栾氏、高氏及陈氏、鲍氏等策划消灭庆氏集团。

鲁襄公二十八年（公元前545年），冬，齐国在太庙举行祭祀大典，庆舍之前虽听到动乱的消息，但没有听从劝阻，执意前往太庙参加祭祀，这就为铲除庆氏提供了大好时机。当天，子雅、子尾、陈无宇及鲍国等帅兵趁庆舍士兵醉酒看戏的机会，对庆舍发动攻袭，一举杀死庆舍。庆封从莱地赶回，反攻无果后便逃亡了。庆氏内乱至此得到平息。

### （二）栾高氏之乱

在平息庆氏内乱的过程中，栾氏与高氏积极献言献策、领兵围剿，发挥了

---

① 杨伯峻.春秋左传注 [M].北京：中华书局，2009：1099.

② 杨伯峻.春秋左传注 [M].北京：中华书局，2009：1146.

极其重要的作用，在群臣中有很高的威望。庆氏被消灭后，齐国国政逐渐落入栾氏的子雅与高氏的子尾手中。

栾氏高氏当政期间，齐国公族之间的斗争依然很激烈。鲁襄公三十一年（公元前542年），栾高氏为加强权威而排除异己，"齐子尾害闾丘婴，欲杀之，使帅师以伐阳州。夏五月，子尾杀闾丘婴以说于我师。出群公子"①，栾高氏设计杀害公族闾丘婴，迫使群众公子外逃齐国。子雅子尾这种专横跋扈的作风，削弱了齐国公室的力量，甚至会引起齐国政权的再次变故。公元前540年，晋韩宣子如齐见子雅及其子子旗、子尾及其子自强时就有预言，"非保家之主也，不臣"②，果不其然，不久齐国就又发生内乱。

> 齐惠栾、高氏皆者酒，信内多怨，强于陈、鲍氏而恶之。……陈、鲍方睦，遂伐栾、高氏。战于稷，栾、高败，又败诸庄。国人追之，又败诸鹿门。栾施、高强来奔。陈、鲍分其室。③（《昭公十年》）

栾高氏因擅权暴虐与陈、鲍氏相恶，双方展开了争夺权力的斗争。陈氏与鲍氏摒弃前嫌同仇敌忾，打败栾高氏，并瓜分其家产，结束了齐国内乱，稳定了齐国政局。

总之，桓公之后，齐国先后发生五子争立之乱、崔庆之乱及栾高之乱等多次公室内乱，前后持续将近一百四十年的时间，各国在这段时间内相继改革图强，齐国却因内乱错过了发展的黄金时期，未能光复桓公霸业。更为严重的是，内乱的主体是齐国公室，姜齐政权在内耗中江河日下，即使有晏婴这样的贤才也无法挽回姜齐衰败的颓势，这就为之后陈氏的壮大创造了条件。

---

① 杨伯峻. 春秋左传注 [M]. 北京：中华书局，2009：1184.

② 杨伯峻. 春秋左传注 [M]. 北京：中华书局，2009：1228.

③ 杨伯峻. 春秋左传注 [M]. 北京：中华书局，2009：1315-1316.

### 四、晏婴辅政助景公复霸

晏婴相齐的时代，既是齐国崔庆、栾高等权卿大夫相互倾轧、擅政专权甚至左右君主废立的内乱时代，是陈氏收买民心不断壮大而大有取姜齐而代之的时代，又是景公不忘先君之志欲有所作为的复兴时代，作为主政的国相，晏婴不得不在公室与卿大夫权力交错的矛盾纷争中力求平衡，这在很大程度上限制了晏子的改革。然而，晏婴毕竟是继管仲之后的一代贤相，他用他强大的人格魄力和卓越的政治才能排除改革路上的种种阻力，坚定地在齐国推行改革。一方面，晏婴基本上继承了管仲的内政外交政策，延续齐国的治国传统；另一方面，晏婴根据齐国所处的国际、国内形势，审时度势，以礼治为指导思想，对齐国内政、外交等多个方面实行改革，内安社稷，外靖邦邻，"内安其政，外归其义"①，对内挽救齐国因不断内乱而造成的衰落颓势，抑制陈氏的发展，力图保持姜齐政权的稳固，对外维持齐国在春秋纷乱的列国斗争中的大国地位，并助景公谋求光复桓公时代的霸业。

#### （一）礼治指导思想

晏婴总结齐国长期内乱的教训，将其归结为礼治秩序的缺失，并开始重新认识和思考礼治的社会功用，努力探求礼治思想的救世理论。于是，礼治作为维护伦理秩序和社会秩序的有效手段又重新受到重视。但是需要指出的是，晏婴对礼治思想的重新思考和阐发，并不完全意义上是对传统周礼的挪用和继承，而是为借助旧概念来创造新的适应时代发展要求的思想理论体系，是晏婴改革思想的理论指导。

首先，晏婴的礼治思想就是将礼视为与天地秩序同等的存在。在春秋时期，还没有人把"礼"上升到如此高度。晏婴提出"礼之可以为国也久矣，与

---

① 张纯一撰，梁运华点校.晏子春秋校注 [M].北京：中华书局，2014：192.

天地并"①。晏子认为礼土与天地万物同生同时的产物，这种见解很明显带有将礼制神圣化的色彩。《左传》中多次记载季文子和子产关于礼于天地关系的探讨，这与晏婴的礼治思想如出一辙：

《左传·文公十五年》记载季文子的话："礼以顺天，天之道也。"②

《左传·昭公二十五年》记载子产的话："夫礼，天之经也，地之义也，民之行也。天地之经，而民实则之。"③

《礼记》中的《礼运》《礼器》和《乐记》也对此有过深入的探讨：

"夫礼，必本于天，殽之地。"④

"礼者，合于天时，设于地财，顺于鬼神，合于人心，理万物者也。"⑤

"礼者，天地之序也"，"在天成象，在地成形，如此，礼者天地之别也。"⑥

天地观念包含着事物的本源、规律或必然性，又常常兼有神秘性，以礼为媒介将天地人沟通起来，礼便成为三者间制约关系和统一性的集中表现和反映。⑦将礼与天地相连，共生共存，实际上是晏婴欲借助天的权威性提高礼的权威性，这在当时的神权世界具有极强的说服力。晏婴重新定义的"礼"无疑是一种进步的思想，他赋予"礼"以新的内涵和精神以适应时代的发展。

---

① 杨伯峻.春秋左传注 [M].北京：中华书局，2009：1480.

② 杨伯峻.春秋左传注 [M].北京：中华书局，2009：614.

③ 杨伯峻.春秋左传注 [M].北京：中华书局，2009：1457.

④ 杨天宇.礼记译注 [M].上海：上海古籍出版社，2004：267.

⑤ 杨天宇.礼记译注 [M].上海：上海古籍出版社，2004：285.

⑥ 杨天宇.记译译注 [M].上海：上海古籍出版社，2004：476、478.

⑦ 刘泽华.先秦礼论初探 [M].北京：学苑出版社，1998：85.

其次，晏婴的礼治思想就是把礼治功用同治国之本紧密联系。晏婴所重新阐述的"礼"不再仅仅是先前形式化的仪式与交往方式，而是将礼治运用于社会现实，融贯于政治统治之中。如此，晏婴认为"礼"可以治国御天下，主张：

> 礼者，民之纪，纪乱则民失；乱纪失民，危道也。①
>
> 礼者，所以御民也，无礼而能治理国家者，婴未之闻也。②
>
> （齐景公）饬法修礼，以治国政，而百姓肃也。③

晏婴强调礼治对民众、对国家的政治功用，失礼，则民乱道危；则兴礼，则民安国治。鉴于礼治的重要作用，晏子将其用来治理种种社会不和谐现象，成为匡正混乱无序的社会秩序的终极手段。所以，随着姜齐政权逐渐腐朽没落而田氏迅速崛起并日益取得民心大有取代姜齐之势的现象出现，晏婴预见到了田氏"将践有齐国"的威胁，提出用礼来约束田氏，"唯礼可以已之，在礼，家施不及国"④。在晏婴看来，解决田氏问题的唯一办法就是要实行"以礼治国"，国君厚施于民，争取民心，使人民安居乐业，国家安定团结，达到"民不迁，农不移，工贾不变，士不滥，官不滔，大夫不收公利"⑤的结局。这样，家族的施舍便不能扩及整个国家，政权自然不会旁落。晏婴试图通过礼治来遏制陈氏的势力，他认为：

> 君令、臣共，父慈、子孝，兄爱、弟敬，夫和、妻柔，姑慈、妇

---

① 张纯一撰，梁运华点校.晏子春秋校注 [M].北京：中华书局，2014：88.

② 张纯一撰，梁运华点校.晏子春秋校注 [M].北京：中华书局，2014：121-122.

③ 张纯一撰，梁运华点校.晏子春秋校注 [M].北京：中华书局，2014：7-8.

④ 杨伯峻.春秋左传注 [M].北京：中华书局，2009：1480.

⑤ 杨伯峻.春秋左传注 [M].北京：中华书局，2009：1480.

听，礼也。君令而不违，臣共而不贰；父慈而教，子孝而箴；兄爱而友，弟敬而顺；夫和而义，妻柔而正；姑慈而从，妇听而婉：礼之善物也。[①]

只要推崇礼治，亲人便能和睦；君臣便能各守其道。只有坚守礼治，陈氏便不会逾越，姜齐政权才能稳固。但遗憾的是，晏婴的礼治思想具有一定的理想主义色彩，且已经不符合当时历史发展的时宜，春秋晚期，讲求礼制以稳定社会局面的做法早已被争于力诸侯的征伐所替代，[②]所以，晏婴"以礼治国"的社会理想未能实现。

### （二）晏婴内政改革

以"以礼治国"为指导思想的内政改革是晏婴进行改革的重点，具体来说，内政改革思想包括以下几个方面：重社稷、以民为本，薄赋敛、惜民力以宽民；匡公室、抑私门；举贤而任能，和而不同的君臣关系；厉行节俭，抑制私欲。

1.重社稷、以民为本，薄赋敛、惜民力以宽民

古代中国对君主的认同是至高无上的，国君是邦之本，社稷之源。而晏婴对此有些许不同理解，他认为"君民者，岂以陵民？社稷是主"[③]，虽然晏婴并不完全否定臣为君尽忠的职责，但他还是将社稷与君主有所分裂：以社稷为重，国君为国家的管理者和服务者。同时，晏婴认为自己非国君之私臣而是社稷之臣，以保存国家社稷为最高目标，当君主与社稷利益发生分离时，社稷便与民众利益的结合，即是"以民为本"。

以民为本的重民思想就成了晏婴治国政治实践的重要原则。《晏子春秋》记载齐景公向晏婴请教盛世君主治国治民的德行时，晏婴回答：

---

① 杨伯峻.春秋左传注 [M]. 北京：中华书局，2009：1480.

② 郑杰文.姜齐历次改革的成败及启示 [J]. 山东社会科学，2003（6）：79-81.

③ 杨伯峻.春秋左传注 [M]. 北京：中华书局，2009：1098.

薄于身而厚于民，约于身而广于世。其处上也，是以明政行教，不以威天下。其取才也，权有无，均贫富，不以养嗜欲。诛不避贵，赏不遗贱。不淫于乐，不循于哀。尽智导民而不伐焉。老力事民而不责焉。政尚相利，故下不以相害为行。教尚相爱，故民不以相恶为名。刑罚中于法，废置顺于民，是以贤者处上而不华，不肖者处下而不怒。四海之内，社稷之中粒食之民，一意同欲，若夫私家之政，生有厚利，死有遗教，此盛君之行也！①

晏婴对统治者如何做一位明君、如何更好地治国治民提出了三条重要原则：首先，要薄身而厚民，广施仁政，施利于民；其次，要对民众加强教化，"尽智导民"、"教尚相爱"，形成和谐友好的氛围；再次，刑罚赏奖的废置要顺民意，服民心。

晏婴的民本论思想在同叔向的一段对话中表述得更为准确恰当：

叔向问晏子曰："乱世不遵道，上辟不用义，正行则民遗，曲行则道废。正行而遗民乎？与持民而遗道乎？此二者之于行何如？"晏子对曰："婴闻之，卑而不失尊，曲而不失正者，以民为本也。苟持民矣，安有遗道？苟遗民矣，安有正行焉？"②

在此晏婴进一步将民本思想同当权者的治国治民之道相统一，得到人民就是正道，失去人民就谈不上统治，这就是治理好国家的最根本的道理，从而将"以民为本"提高到治国安邦的高度。③

晏婴深谙齐国国政，当权者以暴政重敛来压榨民众，致使社会矛盾不断升

---

① 张纯一撰，梁运华点校.晏子春秋校注 [M].北京：中华书局，2014：148-150.

② 张纯一撰，梁运华点校.晏子春秋校注 [M].北京：中华书局，2014：213.

③ 林永光.晏婴治国方略刍议 [J].管子学刊，1998（1）：14-19.

级，齐国问题重重。为挽救颓势，晏婴屡次向景公直言省刑薄赋，用以宽民。《晏子春秋》记载晏婴曾深刻地评析景公时的国政：

> 使民若不胜，藉敛若不得，厚取于民而薄其施；多求于诸侯而轻其礼，府藏朽蠹而礼悖于诸侯；菽粟藏深而怨积于百姓，君臣交恶而政刑无常。①

可以看出，国家征收苛捐杂税、过度驱使民力、压榨民财而民众所得甚少，"民叁其力，二入于公，而衣食其一"②，国家仓库粮食腐烂而百姓饥寒交迫。晏婴认为统治者不爱惜民力，无限制的对人民进行敲骨吸髓地压榨。于是，极力劝谏景公行仁政，薄赋轻敛以宽其民，终说服景公，"公悦，使有司宽政，毁关去禁，薄敛己责"③，景公下令推行仁政，轻赋薄敛，减轻人民的负担；重新开放山川林泽，让利于民。仁政政策的实行缓和了齐国的社会矛盾，一定程度上加强了国家的团结、增强了国家的整体实力。

2.匡公室、抑私门

春秋中后期齐国处在礼乐征伐自诸侯出到礼乐征伐自大夫出甚至陪臣执国命的权力中心不断下移的时代，具体来说包括两个方面：一是齐国公室不断衰微，公室之间、公室与卿大夫之间争权夺利相互厮杀；二是卿大夫的势力不断壮大以致擅权专政，先有崔杼、庆封、栾氏、高氏擅权，后有田氏收买民心，不断做大取姜齐而代之之势。晏婴正处在这一过渡时期，作为公室社稷的代表，目睹了权臣弑君废立的事实，他坚定地站在公室的立场，以匡公室、抑私门为职志，力图刷新政治，改变这种局面，力挽狂澜于既倒。

崔杼阴谋弑杀庄公后，拥立景公为君，自任为相，庆封为左相，将大权握

---

① 张纯一撰，梁运华点校.晏子春秋校注 [M].北京：中华书局，2014：139-140.

② （清）高士奇.左传纪事本末 [M].北京：中华书局，1979：245.

③ 张纯一撰，梁运华点校.晏子春秋校注 [M].北京：中华书局，2014：335.

于己手。又怕众臣心有不服，就逼迫他们在太庙盟誓而就范，"所不与崔、庆者——"①，"有敢不盟者，戟拘其颈，剑承其心，令自盟曰：'不与崔、庆而与公室者，受其不详。言不疾，指不至血者死。'所杀七人"②，崔杼、庆封用武力的方式逼迫威胁众大臣背叛公室而投靠自己，这使得公室的权威受到严重的挑战。而晏婴在强权胁迫之下并没有屈服于崔杼，而是针锋相对地与之展开斗争，抱定取义成仁的决心，誓死捍卫公室的尊严和利益，起到了抑制私门、张大公室的作用。《晏子春秋》记载：

> 次及晏子，晏子奉杯血，仰天叹曰："呜呼！崔子为无道，而弑其君，不与公室而与崔庆者，受此不详。"挽而饮血。崔子谓晏子曰："子变子言，则齐国吾与子共之；子不变子言，戟既在膜，剑既在心，维子图之也。"
> 晏子曰："劫吾以刃，而失其志，非勇也；回吾以利，而倍其君，非义也。崔子！子独不为夫诗乎！诗云：莫莫葛藟，施于条枚，恺恺君子，求福不回。今婴其可以回而求福乎？曲刃钩之，直兵摧之，婴不革矣。"③

如若说晏婴不与崔庆盟誓而与公室，是从道义上匡扶公室的话，那么，庆氏亡后晏婴带头辞谢景公所赐封邑，以及驱逐栾氏后晏婴劝说陈氏将栾氏之地尽归公室，则是从经济上维护了公室的利益。《左传》中皆有详细记载：

> 及庆氏亡，皆召之，具其器用，而反其邑焉。与晏子邶殿其鄙六十，弗受。……与子雅邑，辞多受少。与子尾邑，受而稍致之。④
> 陈、鲍分其室。晏子谓桓子曰："必致诸公！让，德之主也。让之

---

① 杨伯峻.春秋左传注 [M].北京：中华书局，2009：1099.

② 张纯一撰，梁运华点校.晏子春秋校注 [M].北京：中华书局，2014：227.

③ 张纯一撰，梁运华点校.晏子春秋校注 [M].北京：中华书局，2014：227-229.

④ 杨伯峻.春秋左传注 [M].北京：中华书局，2009：1150.

谓懿德。凡有血气，皆有争心，故利不可强，思义为愈。义，礼之本也。蕴利生孽。姑使无蕴乎！可以滋长。"桓子尽致诸公，而请老于莒。①

晏婴将景公所赐财产以及陈桓子所分得栾氏财产全部上交公室，这样直接增强了公室的经济实力，提高了公室的权威。同时，也制约了各私门家族因争夺财产而引起的相互争斗，起到了匡公室、抑私门的作用。

3.举贤任能，和而不同的君臣关系

若把民、官、君视为三环环环相扣的有机行政系统，那么，要想保证每个环节的正常运行，充分发挥行政机制的整体功能，就必须注意各级官吏在中间的连接、过渡作用。因而，在齐国的政治生活中，晏婴对官吏的选拔和任用非常注重。

晏婴选拔、任用官吏的基本原则就是举贤任能。晏婴深刻总结了齐桓公称霸诸侯的经验，"先君见贤不留，使能不怠。是以内政则民怀之，征伐则诸侯畏之"②，为此晏婴多次劝谏景公求贤任能。《晏子春秋》记载景公问"莅国治民"之道，晏婴对以"举贤以临国，官能以救民，举贤任能，则民与君矣"③之策。也就是说，贤才治国，能官治民，君若用之，则民兴而国治。晏婴还认为国有三不祥："夫有贤而不知，一不祥；知而不用，二不祥；用而不任，三不祥。所谓不祥，乃若此者。"④在晏婴看来，贤而不知为庸，知而不用为昏，用而不信为疑。人君若既庸又昏又疑，国之不祥实过于此。⑤晏婴根据当时社会情形认真分析，认为贵族多已腐败不足为用，于是从社会各阶层精心选拔出

① 杨伯峻.春秋左传注 [M].北京：中华书局，2009：1317.

② 张纯一撰，梁运华点校.晏子春秋校注 [M].北京：中华书局，2014：186.

③ 吴则虞.晏子春秋集释 [M].北京：中华书局，1962：212.

④ 张纯一撰，梁运华点校.晏子春秋校注 [M].北京：中华书局，2014：86,

⑤ 宣兆琦，刘迎秋.论晏婴的政治实践 [J].烟台师范学院学报（哲学社会科学版），1996（1）：20-25.

一批贤能官吏。根据《史记·管晏列传》记载，晏婴赎越石父于缧绁之中而为上客，"越石父贤，在缧绁中。晏子出，遭之涂，解左骖赎之，载归。……于是延入上客"[①]；荐勇于改过的车夫为大夫，这充分展现了晏婴不计门第等级、知人善任的尚贤精神和政治作风。

对于如何更好地处理君臣关系的问题，晏婴提出了"和而不同"的思想，即君臣应该相辅相成，相互补充，相互协调，为君不能专断而为臣不能愚从。《左传》中有详细记载：

> 齐侯至自田，晏子侍于遄台，子犹驰而造焉。公曰："唯据与我和夫！"晏子对曰："据亦同也，焉得为和？"公曰："和与同异乎？"对曰："异。和如羹焉，水、火、醯、醢、盐、梅，以烹鱼肉，燀之以薪，宰夫和之，齐之以味，济其不及，以泄其过。君子食之，以平其心。君臣亦然。君所谓可而有否焉，臣献其否以成其可；君所谓否而有可焉，臣献其可以去其否，是以政平而不干，民无争心。"故《诗》曰："亦有和羹，既戒既平。鬷嘏无言，时靡有争。"先王之济五味和五声也，以平其心，成其政也。声亦如味，一气，二体，三类，四物，五声，六律，七音，八风，九歌，以相成也；清浊、小大，短长、疾徐，哀乐、刚柔，迟速、高下，出入、周疏，以相济也。君子听之，以平其心。心平，德和。故《诗》曰："德音不瑕。"今据不然。君所谓可，据亦曰可；君所谓否，据亦曰否。若以水济水，谁能食之？若琴瑟之专一，谁能听之？同之不可也如是。[②]

齐景公打猎归来告于晏婴，只有梁丘据和我最默契。晏婴不以为然，认为

---

① （汉）司马迁. 史记 [M]. 北京：中华书局，1982：2135.

② 杨伯峻. 春秋左传注 [M]. 北京：中华书局，2009：1419.

梁丘据与景公只是"同"，而不是"和"，那么，在晏婴看来"和"又作何理解呢？晏婴作了两个比喻，"和"如同烹制鱼肉，火候的烧制与佐料的配加都要掌握一个合适的度，否则，烹制出的食物就不会美味；"和"又如同制作音乐，乐器相配、声音相融，才能演奏出美妙的旋律。总结来说，晏婴所谓的"和"，是以不同事物之间的差异性和个性为前提；而不同事物通过互补、协调和相反相成地作用最终达到"和"的状态。这很类似于马克思主义哲学关于"事物矛盾普遍性与特殊性之间相互转化"的哲学命题。由此可见，晏婴的改革政策中闪耀着朴素的辩证思想。

"和"与"同"思想是晏婴哲学思想的基本范畴，而这种哲学思想理论表现在君臣关系上，就转变为一种新的君臣关系，即"和而不同"。君臣之间是有差别的，我们不能抹杀而是要利用这种差异性来实现共赢。君主不能独断专行，当善于征求臣下意见，及时发现错误并纠正以期不断增强权威；臣子应当有独立性和判断性，明辨是非，对君主的主张敢于提出自己的见解，是则从，否则谏。只有君臣相辅相成，相互补充才能做到"政平而不干，民无争心"。晏婴处理君臣关系的"和而不同"思想在当时"无疑具有民主的因素"①。

### （三）晏婴对外关系改革

齐景公时期的对外关系政策大多是以晏婴的对外关系思想为基础展开的，而晏婴对外关系思想的付诸实践也是以齐国的大国地位及其内政外交的改革实践成果为基本前提的。弱国无外交，春秋晚期的齐国仍然属于春秋大国的第一梯队，这要归功于前期君主尤其是齐桓公时期的大国基业，虽然期间内乱不断、外战频繁，但齐国仍处大国地位这是毋庸置疑的。此外，晏婴在内政外交上的改革，革除了齐国的一些积弊，为齐国对外关系政策的实施提供了相对稳定的内部环境。晏婴的对外关系思想指导着齐国的对外关系政策，而齐国实行

---

① 刘泽华.中国政治思想史集（先秦卷）[M].北京：人民出版社，2008：89.

的一系列的对外关系政策反过来也都是为了维护齐国在春秋晚期的大国地位，维护齐国的国家尊严和利益，甚至是为景公复霸的野心而服务的。

晏婴将"礼"作为其对外关系思想所遵循的原则，确切地说是"诸侯相交礼为先"。春秋后期，虽已礼崩乐坏，但"礼"的约束力依然存在于诸侯之间的对外关系之中；晏婴"尚礼"，对礼有着很深的造诣，他把礼的思想用于齐国的对外关系实践。无论是对晋、楚这等大国抑或是鲁、郑、邾这些中小国家，晏婴坚持"礼为先"的对外关系原则，"不侵大国之地，不耗小国之民，故诸侯皆欲其尊"①。晏婴奉行"诸侯相交礼为先"的对外关系原则，为齐国在春秋晚期的诸国对外关系中赢得尊重和荣耀。

晏婴的对外关系思想可以归结为和平相处、睦邻友好的"外归其义"②。那么何谓外归其义？记载晏婴生平的《晏子春秋》给出了答案，"不侵大国之地，不耗小国之民"，"不劫人以兵甲，不威人以众强"，"德行教训加于诸侯"，③与大小诸侯和睦相处，广施德义，努力为齐国的发展争取乱世中的和平环境，这是晏婴在明晰了国内外的形势而总结出的符合齐国国情的对外关系思想。齐国在经历了一系列的内乱和外战之后，迫切地需要一个和平的外部环境，从晏婴的对外关系实践来看，他外结诸侯，尊大结小，和平共处，反对侵伐的和平外交思想，确实为齐国赢得了稳定的外部环境，使齐景公能够集中精力再次复霸中原。④晏婴"外归其义"的对外关系思想是十分切合齐国实际的，并取得了显著的对外关系成果。

齐景公时期的晏婴改革取得了较为显著的成效。以礼治思想作为改革指导

① 吴则虞.晏子春秋集释[M].北京：中华书局，1962：180.

② 张纯一撰，梁运华点校.晏子春秋校注[M].北京：中华书局，2014：192.

③ 张纯一撰，梁运华点校.晏子春秋校注[M].北京：中华书局，2014：130.

④ 邵先锋.论《晏子春秋》中晏婴的外交思想与实践[J].管子学刊，2003（4）：27-31.

思想，维护了伦理规范，稳定了社会秩序；政治改革以国家社稷为重，以民为本，缓和了社会矛盾，同时加强了公室的权威，抑制了私门势力的壮大，一定程度上挽救了齐国因不断内乱而造成的衰落颓势，抑制陈氏的发展，保证了姜齐政权的稳固；齐景公在晏婴对外关系改革思想下进行了广泛的对外关系实践，维持齐国在春秋纷乱的列国斗争中的大国地位，但限于改革的局限性，晏婴并未能助景公恢复桓公时期的霸业盛世。

## 五、公室衰微而政归陈氏

从公元前 672 年陈国内乱陈公子完奔齐至公元前 481 年陈成子弑杀齐简公，陈氏历经五代传承，约 190 年的时间。这段时间所演绎的，既是姜齐政权由盛而衰走向灭亡的过程，又是陈氏不断壮大攫取齐国政权的过程。在这一过程中，陈氏不断收买民心，先后大败栾高氏、高氏国氏、鲍氏及晏氏等显族，又通过废立君主掌握了最终大权，完成了政权向陈氏的最终过渡。

陈氏在齐国的渊源要追溯到鲁庄公二十二年，即公元前 672 年。当时陈国发生内乱，公子完惧祸，便逃奔齐国。陈完作为陈国公子，在齐国表现出很高的道德修养，熟悉上层社会奉为准则的礼义。[1]齐桓公爱惜人才，欲使敬仲为卿，陈完辞让，最终以工正之职留居齐国。此外，该年的《左传》还有对陈完占卜的记载，占卜内容为"吉，是谓'凤皇于飞，和鸣锵锵，有妫之后，将育于姜。五世其昌，并于正卿。八世之后，莫之与京"[2]。虽说带有迷信和浮夸的成分，但也预示了陈氏在齐国的发展命运。

陈完之后，后世几代比较平庸，至陈文子时陈氏在齐国崭露头角。陈文子之子陈桓子（陈无宇）是陈氏代齐过程中的关键人物。他忠心于公室，很受君主重用，在消灭庆氏过程中做出了大的贡献，在齐国的地位不断上升。此外，

---

① 王阁森，唐致卿．齐国史 [M].济南，山东人民出版社，1992：261.

② 杨伯峻．春秋左传注 [M].北京：中华书局，2009：221-222.

陈桓子还主动采取各种措施收买民心，提高陈氏在齐国的威望。

> 齐旧四量，豆、区、釜、钟。四升为豆，各自其四，以登于釜。釜十则钟。陈氏三量，皆登一焉，钟乃大矣。以家量贷，而以公量收之。山木如市，弗加于山。鱼盐蜃蛤，弗加于海。民参其力，二入于公，而衣食其一。公聚朽蠹，而三老冻馁。国之诸市，屦贱踊贵。民人痛疾，而或燠休之，其爱之如父母，而归之如流水。"①（《昭公三年》）

这段话中陈氏与齐公室形成了鲜明的对比，陈氏在民众饥寒交迫的时候，大斗贷出而小斗收入，鱼盐所需平价于民，周济贫民，笼络民心；反观公室，与之形成了鲜明的对比，无视民间疾苦，横征暴敛，政在家门而民无所依，高墙之内滋侈歌舞，高墙之外饿殍浮尸，这就造成了民众纷纷投奔陈氏为其效力的局面。俗语曰"得民心者得天下"，陈桓子时期开启了陈氏在齐国的新篇章，难怪晏子出使晋国时，会对叔向说出"此季世也，吾弗知。齐其为陈氏矣！公弃其民，而归于陈氏"②的话。这也直接证明了齐国政权开始由姜齐向陈氏过渡。

公室栾高氏之乱又为陈桓子壮大陈氏势力提供了机遇。陈氏与鲍氏联合剿灭栾高氏之后，瓜分了两家的财产，后陈桓子接受晏婴的劝告，将所得财产主动献于公室，并请求退隐莒国。同时，陈桓子积极召回公子山等之前因内乱而被逐的群公子，分别归还他们的封地和财产，并将自己的城邑私分与无禄的公子公孙。

> 桓子召子山，私具幄幕、器用、从者之衣屦，而反棘焉。子商亦如之，而反其邑。子周亦如之，而与之夫于。反子城、子公、公孙捷，而皆

---

① 杨伯峻. 春秋左传注 [M]. 北京：中华书局，2009：1235-1236.

② 杨伯峻. 春秋左传注 [M]. 北京：中华书局，2009：1234-1235.

益其禄。凡公子、公孙之无禄者，私分之邑。国之贫约孤寡者，私与之粟。曰："《诗》云：'陈锡载周'，能施也，桓公是以霸。公与桓子莒之旁邑，辞。穆孟姬为之请高唐，陈氏始大。"①（《昭公十年》）

陈桓子广施仁义，大行德政，他认为这是齐桓公得以称霸的主要原因，这就将其觊觎姜齐政权的政治野心暴露无遗。齐景公要赐予桓子莒国城邑，辞之，景公母后有为之请赐高唐之地。于是高唐成为陈氏的封邑，陈氏拥有了独立发展的根据地，这就奠定了陈氏代齐的基础。

陈桓子虽为宠卿，陈氏势力也在壮大，但真正掌握齐国政权的还是国氏和高氏二卿。陈氏欲想取代姜齐，必须消灭高国二氏从其手中夺过齐国政权的权柄。景公晚年的废嫡立庶之变又为陈氏提供了绝佳的机遇。景公晚年非常喜欢孺子荼，欲废嫡子公子阳生而立之，陈氏便投其所好支持拥立孺子荼。景公病重，"使国惠子、高昭子立荼，置群公子于莱"②。待景公死后，陈僖子便使用阴谋手段，离间高国二氏与群大夫之间的关系。陈僖子一方面"伪事高、国，每朝必骖乘焉，所从必言诸大夫"③，在高国二氏面前进群大夫的谗言，并劝其尽早图之；另一方面，他又在群大夫面前说尽高国二氏的坏话，"二子者祸矣！恃得君而欲谋二三子"④，劝他们尽早采取行动。最终，陈僖子的阴谋得逞，陈氏与鲍氏及诸大夫连兵向高国二氏进攻，将其打败并驱逐出国。在消灭高国二氏之后，陈氏基本掌握了齐国的政权。

陈僖子稳定齐国政局，派人接公子阳生回国并立其为君，是为齐悼公。并借此机会与诸大夫订立盟约，胁迫其归服陈氏。悼公年幼，军国大师皆听从于

---

① 杨伯峻.春秋左传注[M].北京：中华书局，2009：1317-1318.

② 杨伯峻.春秋左传注[M].北京：中华书局，2009：1631.

③ 杨伯峻.春秋左传注[M].北京：中华书局，2009：1633.

④ 杨伯峻.春秋左传注[M].北京：中华书局，2009：1634.

陈僖子,"君大访于陈子,而图其小可也"[①]。陈僖子架空齐悼公,成为齐国国政真正掌权者。后,陈僖子借吴伐齐之机会,杀掉齐悼公,立齐简公,简公最终也未能逃脱被陈氏杀害的命运。陈氏又立齐平公,陈成子为相,垄断专权。

直到鲁哀公十九年(公元前476年),陈氏完全剿灭了鲍氏、晏氏等公族的剩余势力,占有其财产、封地,极大地扩充了自己的封邑,其范围要比公室地盘大得多,这就预示着齐国政权已完全被陈氏垄断,姜齐政权名存实亡,陈氏取代姜氏成为齐国真正的拥有者。

---

① 杨伯峻.春秋左传注[M].北京:中华书局,2009:1639.

# 第二章　春秋初期齐国对外关系政策

周幽王末年，废嫡立庶引起王朝动荡，同室操戈，戎狄侵袭。幽王埋骨宗周，平王在秦、晋、郑等诸侯的夹辅之下才东迁成周洛邑而立国，历史进入了东周时期。需要注意的是，从平王东迁算起，直到《春秋》记载的鲁隐公元年即公元前722年为止，中间四十多年的历史几无史料记载，也无考古叫证，而是否将这一阶段划入春秋时期，学术界仍有很大分歧。童书业先生的《春秋史》①及范文澜修订的《中国通史简编》②都是将公元前722年作为春秋元年，作者认同以上观点，暂不将此段时间列入春秋时期，而以《春秋》经开始记载的鲁隐公元年作为春秋历史的起始年。

春秋初期，社会形势较西周已经发生了根本性的变化，周室衰微，王纲解纽，礼崩乐坏；礼乐征伐自诸侯出取代礼乐征伐自天子出，诸侯逐渐崛起，成为春秋社会发展的执牛耳者。但总体上，春秋初期的国际形势大体处于相对均衡的状态。在这样的历史大背景下，齐国结合本国的实际并审时度势，采取了灵活有效的、针对性的对外关系政策，一方面，"尊王攘夷、遵循周礼"，借

---

① 童书业.春秋史 [M].上海：上海世纪出版社，2010.

② 范文澜.中国通史简编 [M].北京：商务印书馆，2010.

此提高齐国在诸侯之中的地位和影响力；另一方面，睦邻亲邻，与人为善，形成睦邻友好的对外关系局面，创造一个和平、稳定的外部环境来促进国内经济、军事等实力的发展壮大。同时，随着实力的不断增强，军事力量逐渐壮大，齐国愈发重视武力征伐的军事对外关系策略在对外关系实践中的重要作用。齐国的对外关系政策主要通过朝聘、会盟、联姻、军事等多种对外关系方式开展与周王室及各诸侯国的对外关系实践。这些对外关系政策和对外关系实践的最终目的就是为了铺就齐国的强国之路。

# 第一节　遵循周礼，尊王攘夷

春秋初期，戎狄渐兴并时常侵犯中原边界，致使中原的安危受到威胁，与此同时，中原社会礼崩乐坏、秩序混乱，诸侯之间累年征伐，最终谁也无法完全统御众诸侯国，更无法抵御外族的侵扰，就此有人提出了"争霸莫如尊王"的政纲，① 因为周室虽然衰微，但在很大程度上仍为春秋社会秩序中的"天下共主"。于是，"尊王攘夷"便成为欲争霸春秋的诸侯们所争夺的利器，谁能充分发挥此优势，谁就会成为春秋争霸中的执牛耳者。春秋初期的齐国国君顺应社会的发展趋势抓住了这个机会，高举"尊王尊礼"的大旗，通过笼络周王室、拉近与周王的关系来提高齐国在春秋初期国际社会的地位和影响力。

在地缘地理上讲，齐国在各诸侯国中是距周王室较远的国家，中间相隔鲁国、宋国、卫国、郑国、晋国等，因而与周王室的来往较少。《左传》关于二者来往的最早记载见于鲁隐公六年（公元前717年），"冬，京师来告饥。公为之请籴于宋、卫、齐、郑，礼也"②。周王室发生饥荒前来告难于鲁国，鲁隐公为此向宋、卫、齐、郑等国买进谷物，以解周室饥难，齐国虽距离遥远但也积极向周王室提供粮食援助。虽然这只是齐国与周王室关系上的一次间接交往，但开启了齐国"尊周尊礼"对外关系政策的序幕。

鲁隐公八年（公元前715年），齐僖公利用与卫国、郑国的友好关系斡旋于宋、卫、郑之间，促使三国会盟于瓦屋，以化解因东门之役而造成的宋、卫与郑之间的矛盾，这是齐国遵从周礼的表现，以周礼作为处理国际关系的重要

① 王阁森，唐致卿. 齐国史 [M]. 济南：山东人民出版社，1992：174.

② 杨伯峻. 春秋左传注 [M]. 北京：中华书局，2009：51.

对外关系原则。齐僖公游走劝说于宋、卫与郑之间，促使其言和，摒弃前嫌重修于好。这应是《左传》记载齐国第一次参与春秋国际事务，调解诸侯国家之间的关系，这已经表明了齐僖公参与国际事务的决心，及齐国开始作为大国走向春秋国际的政治舞台。

同年，齐僖公在郑桓公的引荐之下往朝周王，"八月丙戌，郑伯以齐人朝王，礼也。"杨伯峻注解：郑庄公为王朝卿士，以他诸侯朝王，故曰礼也。[①]诸侯朝王要有王朝卿士引荐，而郑庄公作为周王卿士，愿做中间人引荐齐僖公朝见周王，这很符合礼的规定。齐僖公利用与郑国的友好关系，积极朝觐周王以拉近与周王室关系，这也是齐僖公尊王尊礼的重要表现。

鲁隐公九年（公元前714年），宋公不朝见周天子，来年，蔡、卫、郕等诸侯国君又不会王命，这正为齐国推行尊王的对外关系政策提供了一次绝佳的机会，于是齐侯会诸侯伐宋、蔡等国以讨其不礼。

> 宋公不王。郑伯为王左卿士，以王命讨之。伐宋。冬，公会齐侯于防，谋伐宋也。[②]（《隐公九年》）
>
> 夏五月，羽父先会齐侯、郑伯伐宋。六月戊申，公会齐侯、郑伯于老桃。壬戌，公败宋师于菅。[③]（《隐公十年》）
>
> 蔡人、卫人、郕人不会王命。冬，齐人、郑人如郕，讨违王命也。[④]（《隐公十年》）

诸侯朝见天子称王，宋公不王犹言宋公不朝，这是违背周礼和不尊周王的表现，齐僖公先后会鲁侯、郑伯于防和老桃，与诸侯共同讨伐宋国，以王命讨

---

① 杨伯峻.春秋左传注[M].北京：中华书局，2009：60.
② 杨伯峻.春秋左传注[M].北京：中华书局，2009：65.
③ 杨伯峻.春秋左传注[M].北京：中华书局，2009：68.
④ 杨伯峻.春秋左传注[M].北京：中华书局，2009：70.

其不庭也。伐宋之前，郑国将讨伐宋国的王命遍告诸侯各国，而蔡、卫、郕三国不以师会同伐宋。面对诸侯小国不尊王命的违礼之举，齐国只能兴师而讨之，这些都证明了齐国努力地推行尊王、尊礼的对外关系政策。

齐国"尊王"的对外关系政策还在抵御外族侵略的过程中得到表现。鲁桓公六年（公元前706年），"北戎伐齐，齐使乞师于郑。郑太子忽帅师救齐。六月，大败戎师。获其二帅大良、少良，甲首三百，以献于齐。诸侯之大夫戍齐，齐人馈之饩，使鲁为其班。"①北戎伐齐，此时齐国虽不敌，仍然乞师于郑，共同抵御外族对中原的侵扰，此外，齐侯馈赠戍守在齐国的诸侯，使鲁国定诸侯之先后次序，皆因鲁国为姬姓诸侯宗主国的政治领袖，这个安排表达出了齐国遵循周礼的态度。此后随着齐国实力的壮大，对戎狄的态度也由守势转为攻势，《左传·文公十一年》记载，齐国面对鄋瞒的侵伐英勇回击并取得大胜的事件，"齐襄公之二年，鄋瞒伐齐，齐王子成父获其弟荣如，埋其首于周首之北门"②。鄋瞒即是狄族，齐襄公二年为鲁桓公十六年（公元前696年），此时齐国的国力有所增强，对戎狄的侵伐有了抵御能力。齐国在此次反抗狄人的战争中大胜，打击了狄人的嚣张气焰，遏制了其向中原的进一步侵犯，一定程度上保卫了中原的稳定。

与周室联姻，娶周王之女为夫人，也是齐国推行"尊王尊礼"政策的重要对外关系实践。《左传》对发生在庄公元年的周齐联姻有较为详细地记载，"夏，单伯送王姬"③，"冬，王姬归于齐"④。周王卿士单伯将待嫁之王姬送来鲁国，杨伯峻在《春秋左传注》中解释道：天子嫁女于诸侯，必使同姓诸侯为

---

① 杨伯峻. 春秋左传注 [M]. 北京：中华书局，2009：113.

② 杨伯峻. 春秋左传注 [M]. 北京：中华书局，2009：584.

③ 杨伯峻. 春秋左传注 [M]. 北京：中华书局，2009：155.

④ 杨伯峻. 春秋左传注 [M]. 北京：中华书局，2009：156.

主，己不主婚，以天子与诸侯尊卑不称故也。周王将嫁女于齐，鲁侯主婚，故天子之卿单伯宋女来鲁，以备出嫁。当年冬，齐侯按照礼节将王姬迎归于齐，整个婚姻的过程都很符合周礼的规定。与周室联姻，一方面拉近与周王的关系，借助周王尚有的"天下共主"的权威和地位，提高齐国在诸侯国中的地位和影响力；另一方面，在与周王室的对外关系中占据领先和主动，为齐桓公时期更深入地推行此政策创造了有利条件。

## 第二节　睦邻亲善的友好对外关系政策

地理形势决定了鲁、卫与齐国的近邻关系，而这种特殊的位置也时刻左右着齐国与近邻国家的关系。郑国是春秋初期唯一实力比较强大的国家，而且还担任周王的卿士，与郑国的关系也左右着齐国的发展。春秋初期的齐国尚不是强国而齐国国君且有强国之志，这就使得齐国要为其发展创造一个和平而又稳定的外部环境。所以，"睦邻亲邻、与人为善"是根据春秋初期齐国的现实国情而采取的正确的对外关系政策。

### 一、亲善鲁国

齐、鲁比邻而居，由于地缘疆界之争和政治利益之分，两国之间多有龃龉。直到鲁隐公六年（公元前 717 年），"夏，盟于艾，始平于齐也。"① "平"在此有修缮关系、重修旧好之义，杜预在《春秋左氏经传集解》中解释道：春秋之前，鲁与齐不平，今乃弃恶结好，故言始平于齐。艾之盟也将齐鲁之间的关系推向友好发展的新方向。翌年，齐为展现修好的诚意而派使者来聘，"齐侯使夷仲年来聘，结艾之盟也。"② 当年修好次年来聘，足以见得齐国对齐鲁关系的高度重视，而这种重视也得到了回报：既巩固了艾之盟所改善的两国关系，又借助鲁国的宗主影响力提高其在春秋之初的政治地位。

鲁隐公八年（公元前 715 年）冬，"齐侯使来告成三国。公使众仲对曰：

---

① 杨伯峻 . 春秋左传注 [M]. 北京：中华书局，2009：49.

② 杨伯峻 . 春秋左传注 [M]. 北京：中华书局，2009：54.

'君释三国之图，以鸠其民，君之惠也。寡君闻命矣，敢不承受君之明德。'"①齐侯斡旋于宋、卫、郑之间，释三国之谋，并使人来告之，一方面表现出齐、鲁在春秋初期社会的政治地位：鲁高于齐；另一方面也突出了齐攀附鲁的意图；另者，从鲁隐公称赞齐僖公的话中，也映射出鲁想与齐交好并有进一步发展的感情倾向。这就为两国友好关系的继续发展奠定了基础。

随着齐鲁关系的不断升温，两国联姻也提上日程，可以说这是春秋初齐国的一件大事。鲁桓公三年（公元前709年），"会于嬴，成昏于齐也"②。"成昏"即男家向女家纳币。古者娶妻必于黄昏，故曰昏（婚）礼，据《仪礼·士婚礼》，古代结婚有六礼，纳采、问名、纳吉、纳征、请期、迎亲。③纳币即纳征。纳币之后，婚姻既订。"成昏于齐"即指鲁国已向齐国纳币，即是说鲁桓公即将迎娶齐女为夫人。同年，"秋，公子翚如齐逆女，修先君之好。"④此齐女就是齐僖公之女文姜。齐鲁联姻，齐僖公将文姜嫁往鲁国为桓公夫人，以期再续两国之好。"齐侯送姜氏于讙，非礼也。凡公女，嫁于敌国，姊妹，则上卿送之，以礼于先君；公子，则下卿送之。于大国，虽公子，亦上卿送之。于天子，则诸卿皆行，公不自送。于小国，则上大夫送之。"⑤（《桓公三年》）从上述公女、公子出嫁的礼仪来分析齐侯送姜氏于讙，我们可以得出更深层次的内涵：讙为鲁境，齐僖公将文姜送至鲁境内，很明显违背了"公子，则下卿送之，于大国，虽公子，亦上卿送之"的礼仪，更甚至超过了礼待天子的规格，这些违礼之举无疑表达了齐对鲁的重视，甚至是一种攀附的姿态，目的就

---

① 杨伯峻.春秋左传注 [M].北京：中华书局，2009：60.

② 杨伯峻.春秋左传注 [M].北京：中华书局，2009：98.

③ （汉）郑玄注，（唐）贾公彦疏，（清）阮元校刻.仪礼注疏 [M].北京：北京大学出版社，1999：60-86.

④ 杨伯峻.春秋左传注 [M].北京：中华书局，2009：99.

⑤ 杨伯峻.春秋左传注 [M].北京：中华书局，2009：99.

是希望借此次联姻来提高齐国在春秋列国中的威望和政治地位。"冬，齐仲年来聘，致夫人也。"①古代，女出嫁，又使大夫随加聘问，所谓"存谦敬，序殷勤"②。这就再次印证了前面所阐述的观点。

联姻既定，"蜜月"随行。鲁桓公六年（公元前706年），"北戎伐齐，齐侯使乞师于郑。郑大（太）子忽帅师救齐……于是，诸侯之大夫戍齐，齐人馈之饩，使鲁为其班，后郑"③。"班"，次也，谓使鲁国定诸侯之先后次序。先前齐侯乞郑师在先，且郑国功劳也为最大，而齐侯使鲁定其班次，这其中固然有鲁国作为姬姓诸侯宗主国的政治领袖的原因，但也不可忽略，是齐鲁联姻后两国关系全面升级的结果。公元前697年，"公会齐侯于艾，谋定许也。"④（《桓公十五年》）之后，"十七年春，盟于黄，平齐、纪，且谋卫故也。"⑤（《桓公十七年》）许国、郑国国内相继发生内乱，齐、鲁相会谋而后定之。一方面说明了齐、鲁之间外交关系的紧密，另一方面，也衬托出齐国国际地位的逐渐提升。

鲁庄公八年（公元前686年）夏，"师及齐师围郕。郕降于齐师。仲庆父请伐齐师。公曰："不可。我实不德，齐师何罪？罪我之由。"《夏书》曰："皋陶迈种德，德，乃降。"⑥鲁国和齐国派兵共同围伐郕，而郕单独向齐国投降。鲁庆父愤而请师伐齐，鲁庄公的话耐人寻味，他认为郕未降于鲁的原因的鲁不德，并引用皋陶劝迈种行德的典故，德行具备，他人自来降服。这样，郕降于

---

①　杨伯峻.春秋左传注 [M].北京：中华书局，2009：99.

②　（晋）杜预注，（唐）孔颖达正义，（清）阮元校刻.春秋左传正义 [M].北京：北京大学出版社，1999：160.

③　杨伯峻.春秋左传注 [M].北京：中华书局，2009：113.

④　杨伯峻.春秋左传注 [M].北京：中华书局，2009：143.

⑤　杨伯峻.春秋左传注 [M].北京：中华书局，2009：149.

⑥　杨伯峻.春秋左传注 [M].北京：中华书局，2009：173-174.

齐就直接说明了一个事实：齐德矣！齐国经过僖公和襄公时期的国家硬实力和软实力的积累，国家实力不断增强，国际地位逐步提高，已然迈向强国之列。

## 二、联姻卫国

卫国隔济水与齐国比邻而居，是春秋初期齐国西方的重要邻邦，齐国须重视发展与卫国的友好关系。鲁隐公三年（公元前 720 年），齐卫两国联姻，"卫庄公娶于齐东宫得臣之妹，曰庄姜，美而无子，卫人所为赋《硕人》也。"① 杨伯峻注庄姜实际上是齐僖公之妹，而此书为东宫得臣之妹，明得臣是嫡长子，其妹也必定是嫡女。此番周折要以嫡女之名嫁女于卫，足以表明齐国对卫国的重视，欲借此次联姻发展两国的友好关系。

鲁隐公八年（公元前 715 年），齐国因与卫国建立了姻亲关系，齐僖公贯彻睦邻亲邻的对外关系政策，亲自调解宋、卫与郑三国之间的矛盾，"齐人卒平宋、卫于郑。秋，会于温，盟于瓦屋，以释东门之役，礼也"②，最后调解成功，三国会盟于瓦屋，冰释前嫌重归于好。这样齐国就为卫国解除了战乱的祸患，为卫国及周边国家带去和平环境，这对齐卫关系的发展有很大的促进作用。

随着齐卫关系的不断升温，齐卫再次联姻，两国都有意通过联姻进一步加强彼此的对外关系。《左传·桓公十六年》记载，"初，卫宣公生急子，为之娶于齐，而美，公取之"③，《史记·卫康叔世家》也记载此事，"右公子为太子取齐女，未入室，而宣公见所欲为太子妇者好，说而自取之"④。此齐女为宣姜，即是鲁桓公所娶文姜的姊妹。暂且不论卫宣公夺子之妻的非礼行为，就从国家

---

① 杨伯峻.春秋左传注 [M]. 北京：中华书局，2009：30.

② 杨伯峻.春秋左传注 [M]. 北京：中华书局，2009：59.

③ 杨伯峻.春秋左传注 [M]. 北京：中华书局，2009：145-146.

④ （汉）司马迁.史记 [M]. 北京：中华书局，1982：1593.

层面上来分析，此次齐卫联姻势必会将两国关系提上一个新的高度。

之后卫国发生内乱，齐襄公本着与邻为善的对外关系原则纳卫惠公，稳定卫国的局势。鲁桓公十七年（公元前695年）春，"盟于黄，且谋卫故也。"①卫国发生内乱，卫人驱逐其君卫惠公，惠公奔齐，齐国想要将惠公送回卫国，故而会盟以谋划。鲁庄公五年（公元前689年）冬，"伐卫，纳惠公也。"②齐师伐卫，纳惠公于卫即位为君。齐国这样做，一方面是因为齐国先前一直与卫国保持着友好关系，惠公与齐襄公有血缘之亲，惠公当政，能够保证齐卫之间长久稳定的友好关系；另一方面，稳定的卫国能为齐国的发展提供安定和平的外部环境，这才是齐国此次对外关系的目的所在。

### 三、拉拢郑国

郑国在春秋初期是公认的比较强大的诸侯，齐国需要拉拢郑国，通过加强两国的联系来建立两国和平稳定的对外关系。鲁隐公三年（公元前720年），两国开启寻盟之旅，"冬，齐、郑盟于石门，寻卢之盟也"③。"寻盟"即重温旧之盟，有重修旧好之义，杨伯峻注卢之盟应当是在春秋之前齐、郑之间的一次友好会盟。通过此次会盟，使齐、郑两国重修于好，加深了两国的友好关系。

同样于鲁隐公八年（公元前715年），齐国为继续发展与郑国的友好关系，稳定齐国的周边环境，"齐人卒平宋、卫于郑。秋，会于温，盟于瓦屋，以释东门之役，礼也。"④齐僖公调解宋、卫与郑的三国之间的矛盾，值得注意的是，作为参会的主角，郑庄公并没有与会，作者妄言作两种猜测：一是郑庄公属意并全权委托齐僖公办理此事，所以不列席此次会盟，另一则是齐僖公先

① 杨伯峻.春秋左传注[M].北京：中华书局，2009：149.
② 杨伯峻.春秋左传注[M].北京：中华书局，2009：166.
③ 杨伯峻.春秋左传注[M].北京：中华书局，2009：130.
④ 杨伯峻.春秋左传注[M].北京：中华书局，2009：59.

前早与郑庄公商谋议定，足以代表郑国表达郑庄公的意愿，因此郑庄公可以不与盟。但是，无论何种猜测都指向了齐郑之间的关系已经发展到非常友好的地步。齐、郑两国建立同盟，共同征伐。公元前713年冬，"齐人、郑人如郕，讨违王命也。"①翌年，齐、郑会师伐宋，郕未与会，故而伐之。及明年伐许，"秋七月，公会齐侯、郑伯伐许"②。

正是基于先前齐、郑建立了坚实的同盟关系，公元前707年，当齐国遭受北戎的侵扰向郑国求援时，郑侯立即派太子帅师前来营救。

> 北戎伐齐，齐使乞师于郑。郑太子忽帅师救齐。六月，大败戎师，获其二帅大良、少良，甲首三百，以献于齐。③（《桓公六年》）

> 齐侯欲以文姜妻郑太子忽。太子忽辞。人问其故，太子曰："人各有耦，齐大，非吾耦也。"④（《桓公六年》）

> 郑昭公之败北戎也，齐人将妻之。昭公辞。祭仲曰："必取之。君多内宠，子无大援，将不立。三公子皆君也。"⑤（《桓公十一年》）

郑国助齐国抵御北戎的侵伐，帮助齐国度过难关，齐侯欲通过政治联姻来回馈郑国，以实现两国关系的更进一步发展。同时，在郑太子口中的"齐大，非吾耦也"以及祭仲对昭公的劝谏之词"子无大援，将不立"这两处中，我们可以窥探出，齐、郑两国的势力处于一种动态的平衡之中，国力愈发强大的齐国甚至可以做郑国国君的后援。

---

① 杨伯峻．春秋左传注 [M]．北京：中华书局，2009：70.

② 杨伯峻．春秋左传注 [M]．北京：中华书局，2009：73.

③ 杨伯峻．春秋左传注 [M]．北京：中华书局，2009：113.

④ 杨伯峻．春秋左传注 [M]．北京：中华书局，2009：113.

⑤ 杨伯峻．春秋左传注 [M]．北京：中华书局，2009：131.

# 第三节　武力征伐的军事对外关系政策

随着春秋形势的发展，诸侯势力此消彼长，诸侯之间的实力格局也在潜移默化地发生着变化，因此，齐国的对外关系政策也要随之做出调整。齐国为了扩大自己的实力范围，谋划将弱小的纪国纳入其版图之中；先前鲁国、郑国与齐国关系交好，后鲁因文姜之乱与齐交恶，齐国又因郑国与鲁国的关系愈加紧密而征伐郑国。齐国在对外关系上对三国用兵，吞灭纪国，征伐郑、鲁，归根到底，都是齐国国君为了国家利益而做出的努力。

## 一、吞灭纪国

纪国是春秋初期的一个小国，虽与齐国同为姜姓，但随着齐国国力的不断增强以及领土的不断扩张，仍免不了被齐国吞并的命运。

齐国早早就显露出其吞并纪国的野心。鲁桓公五年（公元前707年），"夏，齐侯、郑伯朝于纪，欲以袭之。纪人知之。"[①]按周礼规定，一般是小国朝见大国，而如今齐、郑两个大国联袂来朝纪，其用心已昭然若揭。这是齐国吞并纪国的开始。

此时的纪国已洞察出齐国的意图，欲通过与鲁国和王室的关系来解除这次危机。公元前706年，"夏，会于成，纪来咨谋齐难也。"[②]同年冬，"纪侯来朝，请王命以求成于齐。公告不能"[③]。纪侯年内两次来鲁，一次两国会于成，纪侯

---

① 杨伯峻.春秋左传注 [M].北京：中华书局，2009：104.

② 杨伯峻.春秋左传注 [M].北京：中华书局，2009：112.

③ 杨伯峻.春秋左传注 [M].北京：中华书局，2009：117.

就齐欲灭纪之事与鲁桓公商谋；另一次朝见桓公并有所求，纪侯希望能桓公能通过周王的关系对齐国施加压力以达到与齐和好和目的。当时鲁桓公没有答应，后来根据随着纪国的局势愈发危机，鲁国考虑到假使齐国灭纪，强大的齐国随即会威胁到自身的利益，所以决定出面劝使两国和好，鲁桓公十七年（公元前695年），"十七年春，盟于黄，平齐、纪。"①齐国考虑到齐鲁之间的实力对比是存在差距的，只能服从鲁国的会盟来短暂平息与纪国的紧张关系，齐国吞并纪国的进程暂时放缓。

及鲁庄公即位，齐国趁鲁国新旧君主交替之时，加快了对纪国吞并的步伐。鲁庄公元年（公元前693年），"齐师迁纪郱、鄑、郚。"②郱、鄑、郚为纪国城邑，杨伯峻在《春秋左传注》中注释道：齐欲灭纪，故迁徙其民而夺取其地。齐国夺取纪国三座城邑，这是齐吞并纪国做出的实质性的一步，纪国开始被齐国慢慢蚕食。

鲁庄公三年（公元前691年）秋，"纪季以酅入于齐，纪于是乎始判。"③纪季为纪侯之弟。是年纪季带着酅邑投奔齐国而为附庸，纪国从此被一分为二，其中之一已落入齐国之手。这是齐国吞灭纪国过程中的关键性一步，纪国濒临被灭国的边缘。

第二年，"纪侯不能下齐，以与纪季。夏，纪侯大去其国，违齐难也。"④纪国面临齐国的步步紧逼，已无退路可选，只能降服于齐。而纪侯作为一国之君，断不能屈尊自己来服属于齐，便将自己所控制的纪国的另一半给予纪季，逃避齐难而离开纪国一去不返。此时的纪季已经投靠齐国，这也就意味着整个

---

① 杨伯峻. 春秋左传注 [M]. 北京：中华书局，2009：149.

② 杨伯峻. 春秋左传注 [M]. 北京：中华书局，2009：156.

③ 杨伯峻. 春秋左传注 [M]. 北京：中华书局，2009：161.

④ 杨伯峻. 春秋左传注 [M]. 北京：中华书局，2009：165.

纪国已经完全被纳入齐国的领土范围。《史记·十二诸侯年表》中对此事也有记载:(齐襄公八年)伐纪,去其都邑①,齐国兴师伐纪,攻占其都城而吞灭纪国领土。虽然《左传》与《史记》所记载的过程不尽一致,但最终的结果是一致的:齐国完成了对纪国的最终吞并。吞并纪国后的齐国国土更加广袤,国家实力大大增强,一举奠定了齐国在春秋诸侯中的大国地位。

## 二、征伐鲁国

鲁桓公时期齐鲁虽然缔结联姻来改善和维系双方的关系,但两国关系的走向终究还是由国家实力和国家利益来决定。这种政治色彩,在齐鲁关系的发展中表现得非常明显。鲁桓公十七年(公元前695年),"春,盟于黄,平齐、纪,且谋卫故也。夏,及齐师战于奚,疆事也。于是齐人侵鲁疆"②。是年春鲁国还调和齐与纪之间的矛盾,转眼入夏,齐、鲁因边境纠纷而起战事,说明国家利益面前无友好关系可谈,更何况是人为缔结的关系,这无疑是给齐、鲁关系萌生了变数。但真正导致两国关系跌入低谷甚至决裂的是此次联姻的主角——文姜。

> 公会齐侯于泺,遂及文姜如齐。齐侯通焉。公谪之,以告。夏四月丙子,享公。使公子彭生乘公,公薨于车。鲁人告于齐曰:"寡君畏君之威,不敢宁居,来修旧好。礼成而不反,无所归咎,恶于诸侯。请以彭生除之。"齐人杀彭生。③(《桓公十八年》)

> 四年,鲁桓公与夫人如齐。齐襄公故尝私通鲁夫人。鲁桓公知之,怒夫人,夫人以告齐襄公。齐襄公与鲁君饮,醉之,使力士彭生抱上

---

① (汉)司马迁. 史记 [M]. 北京:中华书局,1982:565.

② 杨伯峻. 春秋左传注 [M]. 北京:中华书局,2009:149.

③ 杨伯峻. 春秋左传注 [M]. 北京:中华书局,2009:152.

鲁君车，因拉杀鲁桓公，桓公下车则死矣。鲁人以为让，而齐襄公杀
彭生以谢鲁。①（《齐太公世家》）

　　十八年春，公将有行，遂与夫人如齐。齐襄公通桓公夫人。公怒
夫人，夫人以告齐侯。夏四月丙子，齐襄公飨公，公醉，使公子彭生
抱鲁桓公，因命彭生摺其胁，公死于车。鲁人告于齐曰："寡君畏君之威，
不敢宁居，来修好礼。礼成而不反，无所归咎，请得彭生除丑于诸侯。"
齐人杀彭生以说鲁。②（《鲁周公世家》）

《左传》与《史记》所载基本一致，随鲁桓公如齐的文姜与齐襄公私通，
因被桓公斥责而告于齐襄公，齐襄公竟为此将桓公杀害。然而，桓公此行目的
本欲与齐国重修旧好，却因文姜私通齐襄公而被杀害，君主安危事关国家存
亡，战争本应在所难免，而鲁国只要求处死一个"替罪羊"凶手就潦草收场，
这个结果的背后表现出的是鲁国占主导地位的齐鲁格局的平衡已被打破，齐国
日益强大的国力已经让鲁国有所生畏。鲁桓公被齐襄公所杀，这势必会导致
齐、鲁关系陷入决裂，这一阶段的齐鲁关系正所谓"成也文姜，败也文姜"。

　　齐鲁两国由此结下仇怨。《穀梁传》中也有明确记载，"溺会齐师伐卫。
溺者何也？公子溺也。其不称公子何也？恶其会仇仇而伐同姓，故贬而名之
也"③。公子溺因会齐师伐卫而贬之不称其为公子，皆因此时齐、鲁为仇敌也。
此后，齐襄公被杀，齐因君位争夺而陷入内乱，公子纠奔鲁，公子小白奔莒。
鲁欲助公子纠登临君位以此来控制齐国，在齐国联络好公子纠之党，于鲁庄公

---

①　（汉）司马迁．史记 [M]．北京：中华书局，1982：1483.

②　（汉）司马迁．史记 [M]．北京：中华书局，1982：1530.

③　（晋）范宁注，（唐）杨士勋疏，（清）阮元校刻．春秋穀梁传注疏[M]．北京：中华书局，
1980：46.

九年（公元前 685 年），"夏，公伐齐，纳子纠。桓公自莒先入。"①鲁庄公帅军亲纳公子纠于齐，不料公子小白已在齐卿国、高二氏的帮助之下即位，庄公恼怒之下向齐开战，"师及齐师战于乾时，我师败绩"②，鲁国的复仇计划宣告破产。齐桓公在稳定政局以后，立即对鲁进行报复。

　　十年春，齐师伐我。公将战。战于长勺，鲁胜。③（《庄公十年》）

　　夏六月，齐师、宋师次于郎。大败宋师于乘丘。齐师乃还。④（《庄公十年》）

鲁庄公十年（公元前 684 年），齐师伐鲁，战于长勺，齐师大败。而齐桓公并不甘心，又联合宋一起伐鲁，战于承丘，齐、宋之师又败。这是春秋初期齐、鲁之间进行的较大规模的几次战役，两国互有胜负，说明两国的实力已在伯仲之间，但齐鲁格局易位的趋势已渐明显。战争冲突使之后的齐鲁关系长期处于紧张的状态。

### 三、征讨郑国

先前齐与郑关系交好，而此时为何兵戈相向？究之，因齐国与鲁国渐生嫌隙，而郑国逐步向鲁国靠拢，齐侯便心生不满，加入了宋国对抗郑国的阵营之中。鲁桓公十三年（公元前 699 年），"宋多责赂于郑。郑不堪命，故以纪、鲁及齐与宋、卫、燕战。"⑤郑国君郑厉公的上位依赖于宋国的鼎力相助，"宋雍氏女于郑庄公你，生厉公。雍氏宗，有宠于宋庄公，故诱祭仲而执之，祭仲

---

① 杨伯峻．春秋左传注 [M]．北京：中华书局，2009：179.

② 杨伯峻．春秋左传注 [M]．北京：中华书局，2009：179.

③ 杨伯峻．春秋左传注 [M]．北京：中华书局，2009：182-183.

④ 杨伯峻．春秋左传注 [M]．北京：中华书局，2009：183-184.

⑤ 杨伯峻．春秋左传注 [M]．北京：中华书局，2009：138.

于宋人盟，以厉公归而立之"①（《桓公十一年》），故而宋国过分地向郑国索要贿赂，现在的郑国经过长时间的内乱已远没有郑庄公时期的富裕，郑厉公不堪其重，便联合纪国、鲁国与齐国、宋国等开战，最终齐师、宋师败绩。这就证明了大国之间的关系并不是一成不变的，而变化的根本还是要取决于君主利益和国家利益的走向。在古代封建君主国家，君主利益在一定程度上是可以等同于国家利益的。若君主的利益受到严重损害，势必会掀起更强的反击。齐襄公杀郑国国君子亹就是一个鲜明的案例。鲁桓公十八年（公元前 694 年），"秋，齐侯师于首止；子亹会之，高渠弥相。七月戊戌，齐人杀子亹而轘高渠弥"②。齐襄公兴师动众率大军前来讨伐郑国，最终杀掉郑君子亹与郑相高渠弥。究其缘由，是子亹触犯了齐襄公的威严，《史记·郑世家》详细记载了这个过程，"子亹元年七月，齐襄公会诸侯于首止，郑子往会，高渠弥相，从。祭仲称疾不行。所以然者，子亹自齐襄公为公子之时，尝会斗，相仇。……子亹至，不谢齐侯，齐侯怒，遂伏甲而杀子亹"③。子亹不但在襄公为公子之时就因相互争斗而被记恨，更是在会盟时不谢齐襄公，最终因触犯襄公利益而招来杀身之祸。随之而来的，也是齐郑关系的进一步恶化。

①　杨伯峻.春秋左传注 [M].北京：中华书局，2009：132.

②　杨伯峻.春秋左传注 [M].北京：中华书局，2009：153.

③　（汉）司马迁.史记 [M].北京：中华书局，1982：1763.

# 第三章　齐国霸业时期对外关系政策

　　齐国霸业时期的时间跨度大致与齐桓公时期相一致，但又有些出入，具体来讲，《左传》将庄公十五年即公元前 679 年齐复会诸侯于鄄作为齐国霸业的起始年，而作者认为，实际上在此之前，齐桓公因谭国不礼不敬而将其灭国，娶周王之女以密切与周室关系，直到庄公十三年即公元前 681 年，齐主北杏之会时平宋之乱、伐灭不与盟之遂，此时齐国的霸业逐渐积累在实质上已达到成熟，所以，应将公元前 681 年作为齐国霸业的起始时间。至于齐国霸业的终结时间，作者认为应是公元前 633 年，即齐孝公十年，原因有两点：一是，齐桓公时期是齐国霸业的鼎盛时期，桓公之后，诸子争位而乱，齐国霸业极盛转衰，但并不意味着霸业的衰亡，孝公即位后，齐国局势逐渐稳定，仍存有霸权之余威；二是，一个霸权的终结的标志是另一个霸权的兴盛，《左传·僖公二十七年》记载："一战而霸，文之教也。"[①] "一战"指的是公元前 632 年的晋楚城濮之战，文是指晋文公，晋文公的称霸也就意味着齐国霸业的终结。所以，将公元前 681 年至公元前 633 年这一时间段来规定齐国霸业时期的时间跨度。

---

　　① 　杨伯峻. 春秋左传注 [M]. 北京：中华书局，2009：447.

在这一阶段，春秋形势发生了颠覆性的巨变。周室继续衰败，王权式微；诸侯逐渐崛起，但内部逐步分化，大国愈发强盛，意欲主宰春秋之政，霸权迭兴。与此同时，周边少数民族如南方荆楚、周边戎狄等逐渐兴起，威胁并不断侵扰中原。这时的齐国则顺应时势，抓住历史机遇，实现迅速崛起，内安诸侯而外攘夷狄，主春秋霸权之政，"兵车之会三，而乘车之会六，九合诸侯，一匡天下"①。

此时齐国所采取的对外关系政策远比初期时的复杂多变。一方面，齐国统治者继承和延续了春秋初期的对外关系政策，对周礼依旧遵循，对周王室依旧尊崇，对邻国依旧和睦友好，对危害齐国利益的国家依旧武力相向。而另一方面，齐国国君则是根据春秋形势以及齐国霸权的需要，发展形成了切合齐国霸业实际的对外关系政策，在遵循周礼的基础上主动维护周礼，内尊周王以图霸业；在睦邻亲邻的基础上主动安定邻国，积极外攘戎狄以安中原；并将武力征伐的对象扩大到对齐国乃至对周王室不敬不盟的诸侯；而此阶段最重要的对外关系政策就是推行霸权外交，奉天子以令诸侯，形成以齐为首的诸侯联盟，重塑春秋新秩序。以此对外关系政策为指导，通过朝聘、联姻、会盟、军事等多种方式，齐国开展了春秋以来深入而全面的对外关系实践，充分彰显了齐国的霸业。

---

① （汉）司马迁．史记[M]．北京：中华书局，1982：1491．

# 第一节　维护周礼，内尊周王以图霸业

春秋时期五霸迭兴，皆以尊王为旗纲，这就说明了王室虽然衰微，但王权仍具有稳定社会秩序的象征意义，而尊王就成为了称霸的最有力口号。尊王政策也是齐国对外关系政策中的重要内容，这其中包含了诸多的方面，其中最为直接也最为紧要的就是与周室联姻，搭建与周王室的关系纽带，为下一步的尊王对外关系做好铺垫。鲁庄公十一年（公元前 683 年），"冬，齐侯来逆共姬。"①齐桓公亲迎王姬于鲁，为何在鲁？高士奇在《左传纪事本末》中解释为：鲁主王姬之嫁旧也，故桓公至娶王姬，亦逆于鲁，盖鲁为王室懿亲也。②齐桓公即位不久，就立刻着手与周室的联姻，这其中有很深刻的隐含意义：一方面，从迎亲的仪式上来看，桓公娶王姬而亲迎于鲁，婚姻的流程依然按照周礼的规定来进行，这体现了桓公对周礼的维护和尊重，更是对周王的礼敬和尊崇；另一方面，联姻后周室与齐国结姻亲之好，齐国便搭建了与王室的直接联系，齐国便可以以此为纽带深耕与周室的关系，并进一步借周王室的特殊地位来提高齐国在诸侯的影响力，这为其尊王政策的深入开展扫清了障碍。

## 一、维护周礼以尊王威

周礼在西周社会发挥了巨大的作用，缘由西周时周礼不仅是维系政治纲常的基础，更是周王进行国家统治的最有力工具，在本质上周礼与周王是一体的。春秋之后，虽然礼坏乐崩，周礼逐渐不被重视，但周礼与周王的关系依然

---

① 杨伯峻 . 春秋左传注 [M]. 北京：中华书局，2009：189.

② （清）高士奇 . 左传纪事本末 [M]. 北京：中华书局，1979：2.

是不可分割的，维护周礼也就是在维护周王的权威。齐桓公深谙于此，欲先尊王必要维护周礼，并在对外关系活动中积极实践这一政策，以期达到尊王的目的。

在稳定了与周王室的关系后，齐桓公便以天子之名率诸侯之师平定宋乱，鲁庄公十四年（公元前 680 年）春，"诸侯伐宋，齐请师于周。夏，单伯会之，取成于宋而还"①。去年齐会宋、陈、蔡、邾于北杏，谋划平定宋乱，于兹又领陈、曹之师讨伐宋国，并且齐桓公亲自向周天子请师。杜预在《春秋左氏经传集解》中解释道：齐欲崇天子，故请师，假王命以示大顺。此次齐桓公请师于周也是实现了一举双得的效果，一方面，按周礼，诸侯会师理应天子统帅，桓公请师而周王派单伯会师也是在名义上维护了周天子的权威，另一方面更深层次的意义，是桓公以假借尊王之名而欲行奉天子以令诸侯之实。最终齐国的目的到达了，宋国迫于压力，顺服于齐国。

鲁僖公四年（公元前 656 年），齐桓公联合鲁、宋、陈、卫、郑、许、曹等诸侯，以"五侯九伯，汝实征之，以夹辅周室"之特权讨伐楚国不复昭王之罪。在征伐过程之，许穆公卒于师，桓公按周礼加等以侯礼葬之。

> 许穆公卒于师，葬之以侯，礼也。凡诸侯薨于朝会，加一等；死王事，加二等。于是有以衮敛。②

许本为男爵，而以侯礼葬之。按照一般的礼仪来评判这显然是违礼的行为。但是如若按照"凡诸侯死王事，加二等"的周礼规定，是完全符合周礼的。王事在此指的是征伐之事。诸侯为周王伐楚，许男死于征伐过程，是谓王事也，故加二等爵位以礼丧葬。《孟子·万章下》记载："天子一位，公一位，

---

① 杨伯峻. 春秋左传注 [M]. 北京：中华书局，2009：196.

② 杨伯峻.. 春秋左传注 [M]. 北京：中华书局，2009：294.

侯一位，伯一位，字、男同一位，凡五等也。"①许以男爵而得侯礼，是为加二等也。以衮衣敛之，衮衣，按礼制，是公、侯所用丧葬礼服，因许有侯礼加等，亦可以用衮衣敛尸。齐桓公按照周礼的规定，以加二等之侯礼的礼仪来进行许穆公的葬礼，这无疑是桓公遵循周礼、尊周王的表现。

## 二、助平周乱以稳王制

随着齐国霸业的兴盛和尊王政策的推行，齐桓公的春秋霸主地位得到了周王的承认和肯定，周惠王赐齐侯命，"王使召伯廖赐齐侯命"②（《庄公二十七年》），即命齐桓公为侯伯为诸侯之长。这无论是对齐桓公抑或是周王都是一种双赢的局面：齐桓公的霸主地位得到王室正统的肯定，对霸业的稳固有巨大的帮助；桓公一直奉行尊王的政策，日渐衰微的周室依靠强大的齐国来维持其名义上的天下共主，讨伐不礼不敬之国及平定周室内部不断发生的内乱。

先是子颓之乱。周惠王新立之时，子颓趁机祸乱，而卫国曾出兵助子颓攻打成周并立之，卫国此举是对周王权威的挑战。故周王为维护王室的权威，请齐国之师讨伐卫国。鲁庄公二十八年（前666年），齐桓公以周天子名义兴兵讨伐卫国，"齐侯伐卫。战，败卫师。数之以王命"③，齐师大败卫师，又以周天子的名义责难卫国的。这是齐桓公尊王政策第一次实质性进展，通过讨伐卫国震慑了祸乱王室的外部势力，保证了周王室的稳定。

其次是子带之乱，子带给周王室带了持续的内乱。王子带为周惠王之子、襄王之弟，因受惠后宠爱而生谋逆之心。周惠王欲废除太子郑而立子带。齐桓公会鲁、宋、陈、卫、郑、许、曹诸国国君于首止，并与太子郑会盟，确定了太子合法正统的继承地位。鲁僖公七年（公元前653年），及惠王崩，太子郑

① 杨伯峻.孟子译注 [M].北京：中华书局，2010：217.
② 杨伯峻.春秋左传注 [M].北京：中华书局，2009：237.
③ 杨伯峻.春秋左传注 [M].北京：中华书局，2009：238.

即位为新王，即周襄王。襄王忌惮子带会趁机发动叛乱夺取王位，于是秘不发丧，紧急向齐国告难求救。齐国一贯推行尊王的政策，谋定王室内乱就成为齐桓公责无旁贷的大事。次年春，"盟于洮，谋王室也。襄王定位而后发丧"①，齐桓公会周襄王及鲁、宋、卫、许、曹、陈在洮结盟，以诸侯之力拥立周襄王顺利即位，暂时稳定了周王室的秩序。

子带见襄王已立，深知自己已没有机会，只能采取武力夺取的方式，但当时春秋社会俨然已形成以齐国为首的诸侯联盟体系，在齐国尊王政策的领导下中原诸侯定不会与子带为伍，子带只能选择中原之外的戎狄作为自己的依靠，竟伙同戎狄攻伐成周，鲁僖公十一年（公元前649年），"扬、拒、泉、皋、伊、洛之戎同伐京师，入王城，焚东门，王子带召之也"②。王子带带领着扬、拒、泉、皋、伊、洛之戎等这些戎族一起讨伐京师，攻入王城作乱。《史记·周本纪》记载更为具体："叔带与戎、翟谋伐襄王"③，子带联合戎狄谋伐襄王的目的就是为了取其而代之。作为春秋霸主的齐国一向遵循尊王的政策，断然不会纵容子带扰乱周室秩序。鲁僖公十二年（前648年）冬，"齐侯使管夷吾平戎于王"④，齐桓公派管仲前往成周为王室平定戎难，平息了因子带之乱而引发的祸乱，稳定周王室的统治秩序。事毕，襄王飨宴管仲，《左传·僖公十二年》详细记载：

> 王以上卿之礼飨管仲，管仲辞曰："臣，贱有司也，有天子之二守国、高在。若节春秋来承王命，何以礼焉？陪臣敢辞。"王曰："舅氏，余嘉乃勋，应乃懿德，谓督不忘。往践乃职，无逆朕命。"管仲受下卿

---

① 杨伯峻.春秋左传注 [M].北京：中华书局，2009：321.

② 杨伯峻.春秋左传注 [M].北京：中华书局，2009：338-339.

③ （汉）司马迁.史记 [M].北京：中华书局，1982：152.

④ 杨伯峻.春秋左传注 [M].北京：中华书局，2009：341.

之礼而还。君子曰："管氏之世祀也宜哉！让不忘其上。《诗》曰："恺悌君子，神所劳矣。"①

管仲辞周王上卿之飨礼，认为这不符合周礼的礼制规定。《礼记·王制》云：次国三卿，二卿命于天子，一卿命于君。②齐国为次国，国氏、高氏为天子所命，在齐国世为上卿，管仲为齐桓公所命，是为下卿。若周王现以上卿之礼待管仲，如国、高二上卿来朝，王将何以礼之焉！这明显是违背周礼的行为，管仲作为齐国的国相，在齐国维礼尊王的大背景下，坚决拒绝周王的上卿之礼而受下卿之礼，是欲通过规范礼制来稳定周王室的秩序。次年春，"齐侯使仲孙湫聘于周"③，此时齐桓公以春秋霸主的身份心系周室的安危，故派遣仲孙湫来聘周。

戎狄自子带之乱以来，常年来伐京师，致使其常为王室难。齐桓公作为春秋霸主一贯秉持尊王攘夷的政策，会盟诸侯以谋定王室安危，征召鲁、宋、陈、卫、郑、许、曹等诸侯戍守成周以备戎难。

> 夏，会于咸，且谋王室也。④（《僖公十三年》）
>
> 秋，为戎难故，诸侯戍周，齐仲孙湫致之。⑤（《僖公十三年》）
>
> 王以戎难告于齐。齐征诸侯而戍周。⑥（《僖公十六年》）

先是公元前647年齐会鲁、宋、陈、卫、郑、许、曹于咸地，以商讨保卫周室。同年秋，因戎又侵伐京师之故，桓公派诸侯联军来戍卫成周以备御诸

---

① 杨伯峻.春秋左传注[M].北京：中华书局，2009：341-342.

② 杨天宇.礼记译注[M].上海：上海古籍出版社，2004.

③ 杨伯峻.春秋左传注[M].北京：中华书局，2009：343.

④ 杨伯峻.春秋左传注[M].北京：中华书局，2009：344.

⑤ 杨伯峻.春秋左传注[M].北京：中华书局，2009：344.

⑥ 杨伯峻.春秋左传注[M].北京：中华书局，2009：370.

戎，并派仲孙湫前往致送戍卒；三年后，戎又来惊扰京师，给王室造成祸乱，周王以此向齐国告难，齐桓公再次征召诸侯之师来周戍守，《史记·齐太公世家》亦有记载："四十二年，戎伐周，周告急于齐，齐令诸侯各发卒戍周"①。

综合来看，齐国始终贯彻执行其尊王的对外关系政策，维护周礼以尊周室，助平周乱以稳王制，并取得了重大的成功：维护了礼制的秩序，稳定了周王室的安危，这些都为齐国赢得了王室的肯定和诸侯的心悦诚服，更为齐国霸业的顺利进行铺平了道路。

---

① （汉）司马迁.史记[M].北京：中华书局，1982：1493.

## 第二节　亲邻安邻，外攘夷狄以安中原

春秋乱世，此乱主要体现在两个方面，一是王室的衰微、内乱，这在上一节中已经阐明，并且齐国贯彻推行"维礼尊王"的政策助平王室内乱。另一方面则体现在春秋国际秩序的混乱上，这里又分为内、外两个方面，内是指诸侯内乱，诸侯内部纷争引发的内乱，诸如鲁国庆父之乱等；外是指诸侯之间的混乱，春秋国际体系下的诸侯因种种原因而引发的战乱等。而以华夏中原诸侯为主体，则表现为蛮夷戎狄对中原诸侯的祸乱，这两种祸乱严重威胁着中原诸侯的安危。面对如此严峻的形势，齐桓公作为中原霸主，主动承担起霸主应担的责任与重担，以霸主之名将中原诸侯的安危与稳定系于己身，他积极安定鲁国内乱，实行亲邻安邻的对外关系政策，保证诸侯内部的稳定；面对蛮夷戎狄的侵扰，齐桓公率领诸侯亲自征伐，伐山戎以救北燕，驱赤狄以存卫救邢，南伐荆楚遏其北进，积极采取主动的措施外攘夷狄以安定中原诸侯的秩序，保证中原的安危与稳定。

### 一、安定鲁国内乱

前一章讲到，齐襄公因文姜而杀齐桓公导致齐鲁两国反目成仇，齐桓公即位之初，齐鲁又发生两次大的战争，这些都将两国关系导向破裂甚至陷入对抗状态。这说明，此时的齐鲁格局大致是平衡的，鲁国尚有抗衡齐国的实力。但随着齐国势力的壮大，齐主北杏之盟，齐桓公号令诸侯，已显称霸之势，然考虑到此时齐、鲁仍然对立的状态，齐桓公此次盟会并没有邀请鲁国，大有孤立鲁国、迫其就范之意。面对齐国咄咄逼人的形势，齐鲁格局的平衡已经被打

破，鲁国自量难以与齐抗衡，转而主动向齐示好。鲁庄公十三年（公元前681年），"冬，盟于柯，始及齐平也"①。"柯"，齐地也，鲁公适齐会盟，恰恰表现出鲁庄公主动示好言和的姿态，及齐桓公重新发展与鲁国的友好关系。

随着关系的逐步改善及齐国霸主地位的稳固，鲁国参加齐国主持的会盟，参与齐国的征伐，两国之间的交往愈加密切，促成了齐鲁两国之间的联姻。以下所列为《左传》记载鲁庄公为迎娶哀姜所做的精心准备以及联姻的过程：

> 冬，公如齐纳币。②（《庄公二十二年》）
>
> 秋，丹桓宫之楹。③（《庄公二十三年》）
>
> 二十四年春，刻其桷，皆非礼也。④（《庄公二十四年》）
>
> 夏，公如齐逆女。⑤（《庄公二十四年》）
>
> 秋，哀姜至。公使宗妇觌，用币，非礼也。御孙曰："男贽大者玉帛，小者禽鸟，以章物也。女贽不过榛栗枣修，以告虔也。今男女同贽，是无别也。男女之别，国之大节也。而由夫人乱之，无乃不可乎！"⑥（《庄公二十四年》）

庄公二十二年，庄公亲自前往齐国纳徵，杨伯峻先生注解：纳币不自往，故文二年"公子遂如齐纳币"，传曰"礼也"；成八年"宋公使公孙寿来纳币"，传亦曰"礼也"，则此庄公亲往纳币，则不合当时之礼可知。⑦而后，鲁庄公

---

① 杨伯峻.春秋左传注 [M].北京：中华书局，2009：194.

② 杨伯峻.春秋左传注 [M].北京：中华书局，2009：219.

③ 杨伯峻.春秋左传注 [M].北京：中华书局，2009：227.

④ 杨伯峻.春秋左传注 [M].北京：中华书局，2009：229.

⑤ 杨伯峻.春秋左传注 [M].北京：中华书局，2009：228.

⑥ 杨伯峻.春秋左传注 [M].北京：中华书局，2009：229-230.

⑦ 杨伯峻.春秋左传注 [M].北京：中华书局，2009：220.

大兴土木，将桓公之庙的立柱用朱色漆之，并精心雕刻其音角，亦非礼也。据《穀梁传》中记载："礼，天子之桷，斫之礲之，加密石焉。诸侯之桷，斫之礲之。大夫斫之。士斫本。刻桷，非正也。"①古礼，自天子以至士大夫，皆不刻其桷、丹其楹。此则为之，属非礼之举。那么，鲁庄公为何明知如此违礼而又固为之？历来注家均以为夫人哀姜将从齐国迎娶而来，即将庙见，故修饰宫庙以相夸。次年，庄公亲自往齐迎接哀姜，考之《春秋》与《左传》，隐公二年，鲁伯姬嫁于纪，纪使其卿裂繻来迎，故传曰"卿为君逆"。鲁文公四年传云："逆妇姜于齐，卿不行，非礼也。"由此推之，诸侯娶妇，必使卿代君迎亲，然后为礼，然则诸侯出境亲迎实为非礼之举。同年秋，哀姜至鲁，根据御孙所言，古人相见，男女所执之物不同，分别代表不同的等级地位，象征着不同的礼节，乱之，则违背礼也。而鲁庄公要求同姓大夫之妇见哀姜，要持玉帛等男子应执最高规格之物，这一非礼的举动在春秋经传中是闻所未闻的。

在迎娶哀姜的整个过程中，庄公竟出现数次"非礼"之举，这其中的深意值得我们思考。一方面，鲁庄公娶哀姜与文姜嫁鲁桓公时形成了鲜明的对比，鲁庄公的如此表现，更鲜明突出了其对齐桓公十足的重视甚至谄媚以及鲁国为攀附齐国已到达到无以复加的地步。另一方面，鲁对齐重视和攀附的背后，反映出齐、鲁政治格局的更迭和春秋形势的变化。桓公称霸诸侯，齐强鲁弱的政治格局决定了鲁对齐的攀附。鲁由诸侯宗主领袖沦为次等诸侯进而屈附齐国以求庇护，折射出当时的社会发展趋势：在王权衰落霸权兴起的背景下，国家实力逐渐取代宗法血缘关系在诸侯国对外关系中发挥重要作用。②

此次联姻加深了两国的交流，使齐、鲁之间的邻里关系更加和谐。一个

---

① （晋）范宁注，（唐）杨士勋疏，（清）阮元校刻.春秋穀梁传注疏[M].北京：中华书局，1980：59.

② 刘爱敏.春秋时期齐鲁关系变化的原因探析[J].管子学刊，2005（4）：108-111.

很明显的例子，庄公二十八年（公元前 666 年），"冬，饥。臧孙辰告籴于齐，礼也"①。鲁国因饥荒前来齐国请谷，是遵礼之举。《国语·鲁语上》记载更为详尽，"鲁饥，臧文仲言于庄公。曰：'夫为四邻之援，结诸侯之信，重之以婚姻，申之以盟誓，固国之艰急是为。铸名器，藏宝财，固民之殄病是待。今国病矣，君盍以名器请籴于齐？'"文仲以鬯圭与玉磬如齐告籴，齐人归其玉而予之籴。"②齐、鲁为邻里之邦，已成婚姻之亲，已有盟会之誓，如今鲁国因饥荒而国之艰急，奉名器如齐告籴求助。齐国不但及时伸出援助之手，帮助鲁国度过难关，避免因天灾而引起更大的人祸，而且"归其玉而予之籴"不计回报的予以援助，更是体现了两国联姻基础之上所建立的深厚邦交政治关系。

最能体现联姻后齐鲁关系的是齐国对鲁庆父通哀姜之乱问题的处理。《史记》《左传》对此都有明确记载：

先时庆父与哀姜私通，欲立哀姜娣子开。及庄公卒而季友立斑，十月己未，庆父使圉人荦杀鲁公子斑于党氏。季友奔陈。庆父竟立庄公子开，是为闵公。③（《鲁周公世家》）

二十七年，哀姜淫于鲁公子庆父，庆父弑闵公，哀姜欲立庆父，鲁人更立僖公。桓公召哀姜，杀之。④（《齐太公世家》）

秋八月辛丑，共仲使卜齮贼公于武闱……共仲通于哀姜，哀姜欲立之。闵公之死也，哀姜与知之，故孙于邾。齐人取而杀之于夷，以其尸归，僖公请而葬之。⑤（《闵公二年》）

① 杨伯峻. 春秋左传注 [M]. 北京：中华书局，2009：242.

② 徐元诰. 国语集解 [M]. 北京：中华书局，2002：147-150.

③ （汉）司马迁. 史记 [M]. 北京：中华书局，1982：1533.

④ （汉）司马迁. 史记 [M]. 北京：中华书局，1982：1488.

⑤ 杨伯峻. 春秋左传注 [M]. 北京：中华书局，2009：262-263.

庆父与哀姜私通已久，蓄谋作乱，直待鲁庄公死后，杀嫡立庶，祸乱鲁政，最终使子开得立为君，即鲁闵公。齐桓公为表慰问派仲孙湫去鲁国省难，归来时仲孙湫言于桓公："不去庆父，鲁难未已"，并劝桓公定要帮助鲁国平定国难而亲待之。果不其然，次年（前660年）庆父再次作乱，与哀姜相互勾结，杀闵公而欲自立为君，齐桓公行霸政之责，再度帮助鲁国，杀哀姜、定僖公以平鲁之乱。从《列女传·孽嬖传》中也可以得到印证，"齐桓公立僖公，闻哀姜与庆父通以危鲁。乃召哀姜酖而杀之"[1]。

同年冬，齐桓公派高子来慰问鲁国，"齐高子来盟"[2]。这正体现了齐国作为霸主对盟国应有的恩泽。《国语·齐语》中记载更为详尽明了，"桓公忧天下诸侯，鲁由夫人、庆父之乱，二君弑死，国无嗣。桓公闻之，使高子存之"[3]。

齐桓公安鲁的政策进一步明晰了齐国的额霸业方针。一方面，鲁国国难，齐桓公安鲁而存之，正是体现了齐桓公作为霸主的睦邻安邻的对外关系策略，"务宁鲁难而亲之。亲有礼，因重固，间携贰，覆昏乱，霸王之器也。"（《闵公元年》）另一方面，王权渐衰，霸权行盛。齐国称霸，还要发挥等同于王权的作用以及履行其相应的责任，可以说，齐国在处理鲁国内乱的问题上，正确地发挥了其诸侯领袖的作用，提升了诸如鲁国这样的追随者的忠诚度。此后一段时期，鲁国积极追随齐国，参加齐国主持的盟会，参与齐国的征伐，成为齐国霸业坚定的拥护者。在齐桓公的睦邻安邻政策和鲁国的甘心追随之下，两国共同维持了长达三十余年的友好和平。

## 二、伐戎救燕

有周一朝曾有过两个燕国，一个是姬姓的北燕，一个是姞姓的南燕，而此

① （汉）刘向. 列女传 [M]. 哈尔滨：哈尔滨出版社，2009.
② 杨伯峻. 春秋左传注 [M]. 北京：中华书局，2009：261.
③ 徐元诰. 国语集解 [M]. 北京：中华书局，2002：238.

燕应为北燕，召公奭之后也。燕国深处中原北境，四周戎狄环抱，尤以山戎实力最强，时常侵伐燕国，才有后来燕因戎难告齐而齐伐戎救燕之春秋大事件。在此之前，《春秋》经中有过一次"齐人伐戎"的记载，杨伯峻考遍经书后确定此为经书伐戎之始，但没有传的详细解释。不过可以肯定的是，在此之后，戎族加紧了对中原的侵伐，燕国便首当其冲。但燕国实力屡弱无力抵挡山戎的攻势，只能向侯伯齐国求救。关于齐桓公伐戎救燕的时间问题，《春秋》《左传》及《史记》所记诸篇不尽相同，各言其一。《春秋》经及其"三传"记于鲁庄公三十年及《史记·燕召公世家》系于燕庄公二十七年，即公元前664年；《史记·十二诸侯年表》系于燕庄公二十八年及《齐太公世家》记于齐桓公二十三年，即公元前663年。前后相差一年，作者认为，这应该非史籍之谬误而需要仔细推敲斟酌。《春秋》庄公三十年记载，"冬，齐人伐山戎"①；《左传》续解为，"冬，遇于鲁济，谋山戎也，以其病燕故也"，次年夏六月，"齐侯来献戎捷"②。从时间的表述来看，一冬一夏，先冬后夏，《春秋》及《左传》已将齐桓公伐戎救燕的时间叙述得很清楚了，这是一次始于公元前664年冬而止于公元前663年夏的跨年度军事行动。③

关于齐桓公伐戎救燕的历史过程，《左传》及《史记》都有记载，尤以《战国策》记载最为详尽：

> 冬，（齐、鲁）遇于鲁济，谋山戎也。以其病燕故也。齐伐山戎。④

（《庄公三十年》）

---

① 杨伯峻.春秋左传注[M].北京：中华书局，2009：246.

② 杨伯峻.春秋左传注[M].北京：中华书局，2009：246-247.

③ 彭华.齐桓公伐戎救燕及其相关问题——以经史为双重审查视角[J].黑龙江社会科学，2013（1）：149-153.

④ 杨伯峻.春秋左传注[M].北京：中华书局，2009：246-247.

齐桓公将伐山戎、孤竹，使人请助于鲁。鲁君进群臣而谋，皆曰：师行数千里，入蛮夷之地，必不反矣。于是，鲁许助之而不行。齐已伐山戎、孤竹，而欲移兵于鲁。管仲曰：不可。诸侯未亲，今又伐远而还诛近邻，邻国不亲，非霸王之道。①（《战国策》）

桓公二十三年，山戎伐燕，燕告急于齐。齐桓公救燕，遂伐山戎，至于孤竹而还。燕庄公遂送桓公入齐境。桓公曰："非天子，诸侯相送不出境，吾不可以无礼于燕。"于是分沟割燕君所至与燕，命燕君复修召公之政，纳贡于周，如成、康之时。诸侯闻之，皆从齐。②（《史记·齐太公世家》）

公元前 664 年冬，山戎南下攻伐燕国，致使燕国国境危难，燕向齐国告急求救。齐桓公意欲联合鲁国共谋北上救燕，故与鲁庄公"遇于鲁济"。鲁庄公当时口头上做出了承诺，但当齐国一切就绪准备出兵之时，鲁庄公却因群臣的反对、路途遥远而按兵不动，没有出师助齐国北上救燕。齐桓公亲自领军，行军跋涉数千里，深入戎狄腹地，经过激烈的激战直到来年春才击败山戎，取得胜利。之后，齐桓公又"刜令支，斩孤竹"，一路扫荡，一直打到更北边的孤竹才肯罢休。

齐桓公为燕国化解戎难，帅军启程归国。燕庄公为答谢齐桓公的救国救民之恩情，一路陪送齐桓公南下归国，但就在不知不觉之间已经跨出燕境而入于齐地。按周礼，非天子，诸侯相送不出境。而燕庄公出境相送已然违背周礼，也是对燕国的无礼，齐桓公深明礼义，一直以维护周礼为己任，断然不会接受，于是将燕庄公所至之齐地割与燕国，这样就不会出现违礼的事情了。齐桓公又以诸侯之长的身份叮嘱燕庄公要重修、光复先祖召公之政，壮大燕国，继

---

① 范祥雍.战国策笺证 [M].上海：上海古籍出版社，2006.

② （汉）司马迁.史记 [M].北京：中华书局，1982：1488.

续像成王、康王时那样向周王室纳贡。诸侯纳贡于王是周礼的规定，这也是齐桓公遵循周礼的一大表现。齐桓公伐戎救燕、割燕君所至与燕及命燕君修政纳贡的事迹传到诸侯的耳中，诸侯无不以桓公为仁德，称赞桓公，皆心悦臣服于齐，甘心追随齐国。

齐桓公班师回朝后，欲讨伐鲁国其言而无信不助伐戎之罪，移兵于鲁。管仲即使劝止，并向齐桓公分析了齐国当前的周边形势，这正是体现了齐国睦邻安邻的对外关系政策，齐国做到亲善邻国，才是成就霸业的正确选择。齐桓公深以为然，才有了后来来鲁献捷，故《左传·庄公三十一年》书"齐侯来献戎捷"之谓。

### 三、存卫救邢

邢、卫两国地处中原的北部，在其周围分布着诸多的戎狄部落，其中以北狄最为强大。北狄中以路氏赤狄为主，它役使众狄，势力强盛，顾栋高在《春秋大事表》中曾这样描述：盖春秋时戎狄之为中国患甚矣，而狄为最。诸狄之中，路氏为最。然狄之强莫炽于闵、僖之世，残灭邢、卫。[1]可见，北狄发展成为邢、卫的严重威胁，到鲁闵公时期，更是给两国带来了深重的灾难。

早在鲁庄公三十二年（公元前 662 年），《春秋》经中有过"狄伐邢"的记载，虽然只是简单的记载，但也表现出狄人对中原诸侯的觊觎。鲁闵公元年（公元前 661 年），狄人大狙侵伐邢国，

> 狄人伐邢。管敬仲言于齐侯曰："戎狄豺狼，不可厌也。诸夏亲暱，不可弃也。宴安鸩毒，不可怀也。"《诗》云："岂不怀归，畏此简书。"简书，同恶相恤之谓也。请救邢以从简书。齐人救邢。[2]

---

① （清）顾栋高. 春秋大事表 [M]. 北京：中华书局，1993.

② 杨伯峻. 春秋左传注 [M]. 北京：中华书局，2009：256.

此狄，顾栋高在《春秋大事表》中认为是赤狄，梁履绳在《左通补释》中亦认为是赤狄。面对来势汹汹的赤狄入侵，齐国君臣讨论救邢之策。管仲劝谏齐桓公："戎狄野蛮，贪婪无度，其欲望是永远也无法满足的；中原华夏诸侯国应该相互亲昵、相互扶持，患难与共而断不可轻易抛弃；大难当头却迷恋太平，无所作为，这与怀抱毒药而自取灭亡有何异。中原诸侯歃血同盟时的简书，就是表明大家要同恶相恤，患难相救，共存共亡。现在邢国遭受狄难，齐国作为诸侯盟主理应依简书之义兴救援之兵。"管仲在明晰了当时中原与戎狄的形势之后，劝谏桓公伐狄救邢以担春秋霸主之责。齐桓公深明大义，以华夏民族为重，抗戎救邢以安中原。鲁僖公元年（公元前 659 年），"诸侯救邢，邢人溃，出奔师。师遂逐狄人"[1]，齐桓公率宋、曹等诸侯之师前来救邢，大败狄人，并将其逐出邢地。

邢国在春秋时期本来就是一个小国，这次经过狄人的侵伐洗劫，更是面目全非，几近国破家广。齐国作为侯伯霸主，考虑到这一点，并担心若北狄再次来袭，将会给邢国带来灭国之危。于是齐桓公决定将邢国内迁，并筑造新城夷仪（今山东省聊城西）以供邢人新居。

> 具邢器用而迁之，师无私焉。夏，邢迁夷仪，诸侯城之，救患也。[2]
> （《僖公元年》）

> 狄人攻邢，桓公筑夷仪以封之。男女不淫，牛马选具。[3]（《国语·齐语》）

> 狄人伐邢，邢君出，致于齐，桓公筑夷仪以封之，予车百乘，卒

---

① 杨伯峻 . 春秋左传注 [M]. 北京：中华书局，2009：278.

② 杨伯峻 . 春秋左传注 [M]. 北京：中华书局，2009：278.

③ 徐元诰 . 国语集解 [M]. 北京：中华书局，2002：238.

千人。①（《管子·大匡篇》）

齐桓公派人制备各种器具，并派军队会送邢人迁往夷仪，以备迁徙过程中使用；同时，齐桓公率领诸侯加紧建筑新城夷仪，以接纳邢之君民。齐桓公为防止狄人再度侵伐，派来战车百乘、士兵千人以帮助邢人戍守。纵观齐桓公救邢的全过程：败狄救邢→具器迁徙→新城夷仪→派兵戍卫，齐桓公用实际行动诠释了作为中原霸主应有的担当和责任。

狄人给卫国带来的灾难要比邢国严重得多，除却北狄强势的侵伐攻势外，卫国国内腐败、君主昏庸是占有相当大的原因的。鲁闵公二年（公元前660年），狄人侵伐卫国，灭其国而亡其君。

> 冬十二月，狄人伐卫。卫懿公好鹤，鹤有乘轩者。将战，国人受甲者皆曰："使鹤，鹤实有禄位，余焉能战！"公与石祁子玦，与宁庄子矢，使守。及狄人战于荥泽，卫师败绩，遂灭卫。卫侯不去其旗，是以甚败。狄人囚史华龙滑与礼孔以逐卫人。……狄入卫，遂从之，又败诸河。②

卫懿公是个荒淫不理朝政的昏君，特别喜欢养鹤，以至于离谱到给鹤以大夫的爵位和程轩，相反对战士却待遇菲薄。当敌人攻城时，国中士兵皆不出战，而让有爵位和俸禄的鹤大夫去迎战。卫军与敌人在荥泽大战，卫国大败，狄人乘胜追击，占领了卫国国都，将卫国灭国，并杀了卫懿公，追赶卫国逃亡的残存势力，并将其一并歼灭。

卫国经过狄人的侵伐洗劫，国破家亡，君民流离失所。先前宋国渡河救卫，救出卫国遗民730人，再加上卫国仅存的共、滕两邑的人口，卫仅剩

---

① 黎翔凤撰，梁运华整理.管子校注 [M].北京：中华书局，2004：358.

② 杨伯峻.春秋左传注 [M].北京：中华书局，2009：265-266.

5000 人，宋公安排就近在曹邑住下。齐国作为侯伯霸主，承担起重任，积极地采取保卫并安定卫国的各种措施。

> 二年春，诸侯城楚丘而封卫焉。①（《僖公二年》）

> 狄人攻卫，卫人出庐于曹，桓公城楚丘以封之，桓公与之系马三百。②（《国语·齐语》）

> 狄人伐卫，卫君出致于虚，桓公且封之。桓公筑楚丘以封之，与车三百乘，甲五千。③（《管子·大匡篇》）

不久，齐桓公派就拍公子无亏率军前来戍守曹邑，并赠送予卫国君命"归公乘马，祭服五称，牛羊豕鸡狗皆三百，与门材。归夫人鱼轩，重锦三十两"，以暂时保证卫遗民的安全与生活。另一方面，齐桓公积极号召诸侯，全力为卫国建造新城楚丘（今河南省滑县东）以供卫人迁居。为防止狄人再度侵伐，齐桓公派来战车三百乘、士兵五千人以帮助卫人戍守。鲁僖公十二年（公元前 648 年）春，齐桓公再次率诸侯为卫国楚丘筑其城郭，《左传》记"惧狄难"，盖这段时间内狄人仍不间断地来骚扰卫国，加筑外城工事以抵挡狄人的侵伐。

齐国救邢存卫，齐桓公将邢、卫都进行了很妥当的安置，使其感觉就像没有经历过戎难一样，史称"邢迁如归，卫国忘亡"④（《闵公二年》）。中原诸侯因此对齐国更加臣服，齐国的霸业更加稳固。"天下诸侯知桓公之为己动也，是故诸侯归之，譬若市人"，"莫之肯背"。⑤就连一向对人、对事的

---

① 杨伯峻.春秋左传注 [M].北京：中华书局，2009：281.

② 徐元诰.国语集解 [M].北京：中华书局，2002：238-239.

③ 黎翔凤撰，梁运华整理.管子校注 [M].北京：中华书局，2004：358.

④ 杨伯峻.春秋左传注 [M].北京：中华书局，2009：273.

⑤ （清）高士奇.左传纪事本末 [M].北京：中华书局，1979：200.

评价都惜字如金的《左传》，也对齐桓公救邢存卫给出了高度地评价，"凡侯伯，救患、分灾、讨罪，礼也"①（《僖公元年》）。齐桓公作为侯伯，要就到三方面的责任：诸侯有内忧外患，侯伯有责任前往解决之，谓之救患；诸侯有天灾，分谷帛之属以赈之，谓之分灾；《周礼·大宗伯》贾公彦注疏云：诸侯无故想伐，是罪人也。霸者会诸侯共讨之，谓之讨罪也。齐桓公作为春秋霸主，诸侯之长，以诸侯之师救患于邢、卫，存卫救邢，使邻国的安危得到保障，同时齐国霸主地位得到稳固，这不仅在对外关系实践中维护了礼制，也为齐国的霸业增添了坚不可摧的屏障。

## 四、南征荆楚

春秋深入，楚国在兼并与开拓的过程中势力不断发展壮大，尤其是在楚武王、文王时期，东征西讨兼并诸多蛮夷之族，而且不断北上，连年侵伐随、身，灭掉邓、息，开疆扩土到汉水中游，已接近中原的边界。中原诸国无意冒犯楚国，但楚国北进的势头却并没有因此停止，依仗国强势盛，接连不断进犯中原边界诸侯，而处在中原南部边界与楚国接壤的郑国首当其冲。

鲁庄公二十八年（公元前666年），楚国挥兵北上，令尹子元以战车六百乘伐郑，入郑外郭之纯门，攻直城外之逵市。值此，齐国率领鲁国、宋国等诸侯联军赶到，楚师趁夜色而逃。虽未与楚师交锋，但齐国率领的诸侯联军还是将楚师赶跑，这是齐桓公首次遏制楚国北侵中原。②

楚国对中原诸侯的不断侵扰对此时春秋国际格局产生了大的影响。楚国实力不断壮大已成为华夏诸侯国的劲敌，甚至足以与中原霸主齐国相抗衡，存在于齐国和楚国势力范围中间的诸侯国，即中原边境临近楚国的诸侯，因常年遭受楚国的骚扰而对齐国的臣服产生动摇，时常摇摆于齐国与楚国之间。如果任

---

① 杨伯峻.春秋左传注 [M].北京：中华书局，2009：278.

② 王阁森，唐致卿.齐国史 [M].济南：山东人民出版社，1992：207.

由这种态势发展，那齐桓公的霸业将会受到严重的挑战和威胁，甚至可能会被楚国取而代之，而华夏诸侯的命运也将难以预料。齐国作为春秋霸主，中原诸侯的侯伯，断然不会让华夏诸侯生存于蛮楚的铁蹄之下，齐桓公积极谋划南征荆楚，以此来遏制楚国的北侵，保证中原的安危。

鲁僖公元年（公元前659年）秋，楚人因郑国臣服于齐而兴师讨伐郑国，"楚人伐郑，郑即齐故也"[①]。齐国作为春秋侯伯，焉能坐视自己的服属之国被楚国欺凌，于是在莘地与宋、鲁、郑、曹、邾等诸侯会盟，谋划抗楚救郑的事宜。次年，楚人再次伐郑，大败郑国并且囚俘了郑大夫聃伯。郑国的形势变得愈发危机，郑国作为中原的南部屏障大门，万一郑国沦陷于楚，中原诸侯的安危将难再有保障。作为诸侯侯伯，齐桓公又怎么无视中原大小诸侯的安危于不顾，于是积极谋划诸侯进行会盟，"秋，会于阳穀，谋伐楚也"[②]。又一年，齐桓公来鲁国寻盟，因阳谷之会鲁僖公没有参与，所以此次桓公前来意欲使鲁国参与到诸侯共伐楚国的同盟之中来，"齐侯为阳穀之会来寻盟。冬，公子友如齐涖盟"[③]，鲁国此时与齐国关系交好，鲁僖公也深明此时中原诸侯的整体形势，果断派公子季友前来涖盟，共同讨伐楚国。

诸侯共谋伐楚的准备已就绪，"万事皆备，只待东风"，恰巧蔡国就为齐国征伐楚国提供了一次绝佳的借口。鲁僖公四年（公元前656年）春，齐国联合鲁、宋、陈、卫、郑、许、曹等诸侯国军队征伐楚国的盟国蔡国，大败蔡军后旋即挥师南下伐楚。

> 齐侯以诸侯之师侵蔡。蔡溃。遂伐楚。楚子使与师言曰："君处北海，寡人处南海，唯是风马牛不相及也。不虞君之涉吾地也，何故？"

---

① 杨伯峻.春秋左传注[M].北京：中华书局，2009：278.

② 杨伯峻.春秋左传注[M].北京：中华书局，2009：286.

③ 杨伯峻.春秋左传注[M].北京：中华书局，2009：286.

> 管仲对曰：“昔召康公命我先君大公曰：'五侯九伯，女实征之，以
> 夹辅周室。'赐我先君履，东至于海，西至于河，南至于穆陵，北至
> 于无棣。尔贡包茅不入，王祭不共，无以缩酒，寡人是征。昭王南
> 征而不复，寡人是问。”对曰：“贡之不入，寡君之罪也，敢不共给。
> 昭王之不复，君其问诸水滨。”师进，次于陉。夏，楚子使屈完如师。
> 师退，次于召陵。①

面对来势汹汹的诸侯联军，楚国显然有些乱了阵脚，楚成王派使者前来质问齐桓公，楚国与齐国相隔甚远，为何此时来犯我疆界？从管仲受桓公命而义正词严的答复中我们可以看出：西周时齐国就享有对诸侯的征伐大权，征伐诸侯以匡周室；春秋时齐桓公霸业已定，在尊王攘夷的对外关系政策指导下，对周王室和中原诸侯的安危更有义不容辞的责任。此次齐国率诸侯之师伐楚的原因有二：楚国对周王无礼，没有按时向王室进贡菁茅、缩酒，以致耽搁王室祭祀，桓公前来问罪，这是其一；周昭王南征而不复归，齐桓公前来责问，这是其二。楚国承认不及时进贡是有罪的，以后能保证供给，但对昭王南征不复却不肯承担责任，而且态度极其傲慢。齐桓公见故便直接将军队进驻于陉，准备与楚国进行决战。楚成王见形势对楚国不利，马上派屈完大夫前去联军军营与齐桓公讲和，桓公将军队退至召陵。齐桓公在与屈完视察过诸侯联军之后，问屈完：“以此众战，谁能御之？以此攻城，何城不克？”屈完回复桓公道：“君若以德绥诸侯，谁敢不服？君若以力，楚国方城以为城，汉水以为池，虽众，无所用之。”②屈完受命于楚王，不能有容使命，辞令强硬，但毕竟是来讲和，同时表示若齐国“辱收寡君”，楚国愿再次妥协，原意加入齐国为首的诸侯联盟。齐桓公示威楚国的目的已经达到，于是

---

① 杨伯峻. 春秋左传注 [M]. 北京：中华书局，2009：288-291.

② 杨伯峻. 春秋左传注 [M]. 北京：中华书局，2009：292.

跟屈完在召陵订盟。

　　齐桓公伐楚之役表面上看是一场军事战争，实质上是以军事力量为后盾的政治斗争，齐国不战而屈人之兵，使楚国屈服，这在一定程度上抑制了楚国的北进，使中原诸侯在相当长的一段时间内不再受楚国的骚扰，从而保证了中原王室及诸侯的安稳。

## 第三节　霸权外交政策，重塑春秋新秩序

《史记·齐太公世家》记载，于是桓公称："寡人南伐至召陵，望熊山；北伐山戎、离枝、孤竹；西伐大夏，涉流沙；束马悬车登太行，至卑耳山而还。诸侯莫违寡人。寡人兵车之会三，而乘车之会六，九合诸侯，一匡天下。"① 太史公高度地总结了齐桓公作为春秋霸主的丰功伟绩，桓公行尊王之政，奉天子以令诸侯，率领诸侯安内以定中原攘外以御夷狄，并在此基础上向外征伐，其霸权的影响范围早已超出了中原的界限，北达孤竹，南至召陵，西涉流沙，实现了一匡天下的空前霸业成就。而每一次的霸业积累，从形成、发展、成熟到鼎盛直至霸业衰落，都会以会盟的形式进行总结，并在齐国主导的诸侯会盟中使其霸业得到转化、巩固和升华，即"九合诸侯一匡天下"。所谓"九合诸侯"，并非具体到九次会盟，而是形容齐国主持的会盟次数繁多，《春秋》经、传记载从鲁庄公九年到僖公二十七年，其间五十余年，齐国先后召集和主持了大小会盟二十余次，比较大的诸侯会盟主要包括北杏之会、鄄之会及二年复鄄之会、幽之盟、贯之盟、召陵之盟、首止之盟、葵丘之盟、咸之会、牡丘之盟、淮之会、齐之盟，等等。在这些会盟过程中，诸侯团结在一起响应齐国的号召，听从齐国的调遣，以此形成了以齐国为首的诸侯大联盟，这不但有利于发展、巩固齐国的霸业大计，对调整、重塑春秋新秩序也是一次伟大的对外关系实践。

---

① （汉）司马迁. 史记 [M]. 北京：中华书局，1982：1491.

### 一、会盟礼仪仪程

诸侯会盟时都有规定的会盟礼仪及仪式流程，会盟属于周礼中的宾礼，作者认为，齐桓公召集、主持会盟本身就是对周礼的继承和发展，这也可视为维护周礼的一大表现；另着会诸侯而盟之，齐国的领袖地位也正是齐国霸业的最好呈现；所以，对会盟礼仪仪程进行概述是十分必要的。《礼记·曲礼下》已对西周会盟礼仪进行了详细记载，这可以被视为中国古典结盟的标准程式。但随着时代的变迁，王室衰落，诸侯崛起，竞相争霸，西周的会盟礼仪已不完全适用于春秋社会，因此，春秋时期的会盟仪程在继承西周礼仪的基础上，随着社会的变化而附注新的、符合时代发展的内容，以适应春秋诸侯争霸的新形势。参考《左传》等史籍记载并结合考古发掘资料，对春秋会盟仪程作如下整理：

1. 征会与定期、择址：此为会盟之前的准备，确定与会的诸侯及会盟的日期和地点安排。

2. 斋盟：古人盟誓必先斋戒以表虔诚。《左传·成公十一年》名言："齐（斋）盟，所以质信也。"①

3. 定班列：由主盟人或是春秋霸主按照与会诸侯或卿大夫的地位等级，定班列位，依次排列，"次国之上卿，当大国之中，中当其下，下当其上大夫。小国之上卿，当大国之下卿，中当其上大夫，下当其下大夫"②（《左传·成公三年》）。这是自西周继承而来的严格的等级精神，当然，也会根据霸权的需要做出相应地调整。

4. 商定盟书：盟书是进行会盟的依据，其内容直接关系到与盟各国的利益，这是会盟的关键坐在。拟订盟书在《左传》中又称之"为载书"。

---

① 杨伯峻. 春秋左传注 [M]. 北京：中华书局，2009：854.

② 杨伯峻. 春秋左传注 [M]. 北京：中华书局，2009：814-815.

5. 凿地为坎，杀牲其上：在会盟的地点挖一个方形的坎，将用于祭的牺牲杀掉后放进坎中。上文有引证。

6. 割牲左耳，敦盛其血：《周礼·夏官·戎右》记载："盟则以玉敦辟盟，遂役之，赞牛耳桃"，郑玄注云"玄谓尸盟者割牛耳取血助为之；及血在敦中，以桃茹拂之，又助之也"[1]。其过程为，由戎右协助掌管会盟仪式的尸盟者割下牲的左耳，放于珠盘由主盟者捧持，称"执牛耳"，并用玉敦盛牲血以助之。

7. 以血书盟，读以昭神：取玉敦盛之牲血用来写下盟书，然后由司盟宣读盟书，昭告神明，天地可鉴。《周礼·秋官·司盟》曰"北面昭明神"，郑玄注云"昭之者读其载书以告之也"[2]。

8. 歃血：宣盟约毕，然后与会诸侯须一一微饮血，古人称之为歃血。

9. 埋载书于牲上：将盟书的正本放于牲上并与之同埋于坎内。温县与侯马盟誓遗址早已证明了这一点。同时，也有将载书沉入河中的，如《左传·定公十三年》："载书在河"，杜注"为盟书沉之河"[3]。

10. 藏于盟府：意为参与会盟的诸侯各取盟书副本一份，归国后放于祖庙中保存。《周礼·秋官·大司寇》："凡邦之大盟约，莅其盟书，而登于天府，大史、内史、司会及六官，皆受其贰而藏之。"[4]

11. 飨燕：待会盟结束，由召集盟会的霸主来宴请诸侯。《左传·哀公二十一年》记载"诸侯之会，事即毕也，侯伯致礼，地主归饩，以相辞也"[5]，

---

① （汉）郑玄注，（唐）孔颖达疏，（清）阮元校刻. 周礼注疏 [M]. 北京：北京大学出版社，1999：851.

② （汉）郑玄注，（唐）孔颖达疏，（清）阮元校刻. 周礼注疏 [M]. 北京：北京大学出版社，1999：951.

③ 杨伯峻. 春秋左传注 [M]. 北京：中华书局，2009：1591.

④ （汉）郑玄注，（唐）贾公彦疏，（清）阮元校刻. 周礼注疏 [M]. 北京：北京大学出版社，1999：908.

⑤ 杨伯峻. 春秋左传注 [M]. 北京：中华书局，2009：1672.

会盟中以侯伯为主，则诸侯之与盟者皆为宾。诸侯会盟结束，侯伯致礼，应以礼宾之礼仪飨宴诸侯之众，作为会盟的最后一道程序。

以上所列是举行一次会盟所具备的最完备、最庄重的仪程，代表着春秋会盟的最高规格等级。而在实际的会盟中，往往会因为诸侯的规模、与会诸侯的地位及其他具体条件等因素，会盟仪程会有所简略，并不完全按照全部的程序进行。以上会盟仪程只是会盟的形式，可以增加或是减少，而会盟的实质是不会改变的，它始终是为统治者的政治利益服务的。春秋齐国召集或主持的会盟，同样也是为齐国的霸业服务的，以会盟为平台，齐国将霸业的广度和深度都提高到了相当的高度。

### 二、会盟以行霸权，成齐诸侯联盟之主，重塑春秋新秩序

据《春秋》经、传粗略统计，从鲁庄公九年到僖公二十七年（公元前 685 年～前 633 年），其间五十余年，齐国先后召集和主持了大小会盟二十余次，可以说这些会盟与齐国霸业是相始终的。具体来说，齐国先前推行尊礼安邻、尊王攘夷的对外关系政策，得到了周王的肯定和诸侯的归附，树立起了霸主的威信。期间或之后齐国不断地召集或主持会盟，将诸侯国聚集在一起，奉天子以令诸侯，以此形成以齐国为首的诸侯大联盟，为齐国的霸业服务。同时，会盟也是齐桓公作为霸主解决春秋国际社会中各种矛盾和纠纷的重要手段，它涉及到政治、经济、军事、对外关系、文化交流等多个层次并对此产生深远影响，而齐国在诸侯会盟中的主导作用正为齐国调整春秋国际社会中的种种秩序提供了平台。

齐国彰显霸主之气始于北杏之会。鲁庄公十三年（公元前 681 年）春，因前一年宋国发生内乱，齐桓公于今年主会宋、陈、蔡、邾等诸侯于北杏，帮助

宋国平定内乱,稳定宋国内政,"会于北杏,以平宋乱"①。杨伯峻在《春秋左传注》中强调:以诸侯而主天下之会盟,以此为始。按周礼,诸侯会盟都是有周天子或是代表周室的卿士来主持,而如今齐国开始主持诸侯之会盟,这无疑释放了一个历史性的信号:齐国霸业时代的来临。

随着齐国势力和影响力的愈加强盛,齐桓公复会诸侯于鄄,由此确立了齐国春秋霸主的地位。鲁庄公十四年(公元前680年),齐会王卿单伯及宋、卫、郑等诸侯于鄄,"冬,会于鄄,宋服故也"②,宋国此时仍不失为大国,而顺服齐国足以证明齐国已经具备了当担春秋霸主重任的实力。次年,齐桓公再次与宋、陈、卫、郑等诸侯会盟于鄄,"十五年春,复会焉,齐始霸也"③,这次会盟标志着齐桓公霸权的正式确立,《史记·齐太公世家》与之相佐证,"七年,诸侯会桓公于甄,而桓公于是始霸焉"④。齐国确立霸主地位后,中原诸侯在齐桓公霸权恩泽与武力征服的双重作用下,纷纷倒向齐国,特别是距离齐国比较远的一些诸侯,如郑、陈等,也先后与齐国会盟,投靠齐国。鲁庄公二十七年(公元前667年),齐会诸侯与陈、郑同盟于幽,"夏,同盟于幽,陈、郑服也"⑤,陈国和郑国加入了齐国的诸侯联盟阵营。

鲁庄公二十七年(公元前667年),周惠王派使召伯往齐会齐桓公,并赐命于桓公,"王使召伯廖赐齐侯命"⑥。《史记·周本纪》有"惠王十年,赐齐桓公为伯"⑦,及《十二诸侯年表》中也有记载惠王赐齐侯命的大事件。赐命即为

① 杨伯峻.春秋左传注[M].北京:中华书局,2009:194.

② 杨伯峻.春秋左传注[M].北京:中华书局,2009:199.

③ 杨伯峻.春秋左传注[M].北京:中华书局,2009:200.

④ (汉)司马迁.史记[M].北京:中华书局,1982:1487.

⑤ 杨伯峻.春秋左传注[M].北京:中华书局,2009:236.

⑥ 杨伯峻.春秋左传注[M].北京:中华书局,2009:237.

⑦ (汉)司马迁.史记[M].北京:中华书局,1982:151.

赐为侯伯也。侯伯为诸侯之长，这说明齐桓公的春秋霸主地位得到了周王的承认和册封。从此，齐桓公可以名正言顺地从事霸业之政，奉天子以令诸侯，会盟诸侯以听令于齐，为齐国的霸业服务。

随着齐国霸业的日臻成熟，对周围诸侯的吸引力越发强大，甚至依附于楚国的诸侯也前来投靠齐国。鲁僖公二年（前 658 年），齐桓公盟宋、江、黄于贯，因江、黄之国始服，"秋，盟于贯，服江、黄也"。杜预在《春秋经传集解》中解释道：江、黄楚与国也，事来服齐，故为合诸侯①。江、黄为小国，位置较楚国近，一直作为楚国的附属国，而今却来主动投靠、依附齐国，这背后折射出了深刻的内涵：齐国霸权的威名已经远播中原之外，甚至其影响力已扩散到了南方楚国的势力范围，这就造成了夹在齐、楚势力之间摇摆不定了小国纷纷前来投靠。这是齐国霸权外交的一次实质性进展。

齐国在巩固、发展霸业的过程中，牢牢地团结中原诸侯，高举"尊王攘夷"的大旗，会盟诸侯先后伐山戎以救北燕、御北狄以存卫救邢，遏制了戎狄南下侵伐的进程，维护了中原的稳定与安危，在诸侯中树立的极高的威望，诸侯皆归之。而后，齐桓公更是率领诸侯联军主动南下伐楚，向楚国展示了齐国霸权的威力及中原诸侯的凝聚力，以期在战略上摧毁楚国北上侵伐中原的野心。齐桓公的目的达到了，楚成王认为现在的形势对楚国不利，于是马上派屈完大夫前去与齐桓公讲和，并表示，楚国愿再次妥协加入到以齐国为首的诸侯联盟之中。于是，鲁僖公四年（公元前 656 年），屈完代表楚国在召陵与齐桓公率领的诸侯联盟在昭陵举行了规模盛大的会盟活动，"屈完及诸侯盟（于召陵）"②，这就是召陵之盟。此次会盟有力地打击了楚国的嚣张气焰，遏制了楚国北上侵伐中原的进程，保证了中原诸侯尤其是齐楚交界诸侯的安危，稳定了

---

① 　（晋）杜预. 春秋经传集解 [M]. 上海：上海古籍出版社，1978：239.

② 　杨伯峻. 春秋左传注 [M]. 北京：中华书局，2009：293.

中原的运行秩序，将齐国霸业推向了第一次高潮。

齐桓公在实现并推行霸业的过程中，始终贯彻着"尊王"的对外关系政策，这就意味着桓公将齐国与周王室紧密地联系在一起。春秋王室行衰，宗法废置，礼坏乐崩，因王位之争而引发的王室内乱此起彼伏，周王室自身已没有能力平息内乱，齐桓公作为春秋霸主，理应担起维稳周室的重任。单单是王子带一位王子，就在齐桓公霸权时期内引起王室三次内乱：

> 会于首止，会王大子郑、谋宁周也。[①]（《僖公五年》）
>
> 八年春，盟于洮，谋王室也。[②]（《僖公八年》）
>
> 夏，会于咸，淮夷病杞故，且谋王室也。[③]（《僖公十三年》）

三次内乱在此就不再赘述，前面已阐述清楚。但可以看出周王室的混乱之极，同时也能从侧面反映出齐国对周王室的尊崇与维护。齐桓公始终坚持"尊王"的对外关系原则，一次又一次的地平息周王室的内乱，保证王位继承的延续，稳定王室的统治秩序，这将齐国霸权又一次推向了高潮。

齐桓公采取多种对外关系政策，遵循周礼使诸侯心悦归服以定霸威，内尊周王以定王室、外攘夷狄以安中原，一步一步地将齐国霸业推向顶峰，此时的国内外形势需要齐桓公组织一次规模更大的诸侯会盟，不仅是要彰显齐国霸业的功绩，更是要着手调整并重塑春秋国际政治新秩序。这便是葵丘之会盟。鲁僖公九年（公元前651年），齐桓公邀集鲁僖公、宋桓公、卫文公、郑文公、许僖公、曹共公诸侯国君及周襄王使者周公宰孔会于葵丘。

---

① 杨伯峻.春秋左传注[M].北京：中华书局，2009：305.

② 杨伯峻.春秋左传注[M].北京：中华书局，2009：321.

③ 杨伯峻.春秋左传注[M].北京：中华书局，2009：344.

夏，会于葵丘，寻盟，且修好，礼也。①

王使宰孔赐齐侯胙，曰："天子有事于文武，使孔赐伯舅胙。"齐侯将下拜。孔曰："且有后命。天子使孔曰："以伯舅耋老，加劳，赐一级，无下拜""。对曰："天威不违颜咫尺，小白余敢贪天子之命无下拜？恐陨越于下，以遗天子羞。敢不下拜？"下，拜；登，受。②

这次会盟，一是寻盟，为了消除诸侯之间的嫌隙，且重修旧好；二则是为了诸侯之间的大结盟。为此，齐桓公也邀请周王赴会，周王为表庆贺，派王卿宰孔前来并赐予桓公文武胙、彤弓、赏服大路、龙旗九旒、渠门、赤旗，③周王前来赐胙，这正是桓公展现其尊王政策的大好时机，虽王权行衰，但对周王依然要行最高规格的礼仪，于是桓公下拜稽首。但是，周襄王通过宰孔传达王命，桓公年老，且对王室有莫大的功劳，将桓公的爵位提升一级，这样就不用跪拜接受赏赐了。试想，若桓公依宰孔之言而行，则断会违背周礼，这正与桓公所推行的对外关系政策相违背，所以桓公婉言拒绝：天威就在眼前，小白我怎敢贪恋王命而僭越臣跪拜王恩的大礼使天子蒙羞。于是，桓公按照周礼，先降于两阶之间，拜稽首以受王命，然后升堂，又再拜稽首以受赐。由此观之，齐桓公以实际行动来维护周礼，维护周王的权威，先奉天子而后令诸侯。

同年秋，桓公与鲁、宋、卫、郑、许、曹等诸侯相会于葵丘之地，共订盟誓。《左传》对盟誓的记载较为简略，《穀梁传》中有较为详细的记载，但《孟子》中保留了载书的全文。

---

① 杨伯峻.春秋左传注 [M].北京：中华书局，2009：326.

② 杨伯峻.春秋左传注 [M].北京：中华书局，2009：326-327.

③ 王阁森，唐致卿.齐国史 [M].济南：山东人民出版社，1992：215.

齐侯盟诸侯于葵丘，曰："凡我同盟之人，既盟之后，言归于好。①

葵丘之会盟，陈牲而不杀，读书，加于牲上，壹明天子之禁，曰：毋壅泉，毋讫籴，毋易树子，毋以妾为妻，毋使妇人与国事。"②（《穀梁传·僖公九年》）

葵丘之会，诸侯竖牲载书而不歃血。初命曰：诛不孝，无易树子，无以妾为妻。再命曰：尊贤、育才，以彰有德。三命曰：敬老、慈幼，无忘宾、旅。四命曰：士无世官，官事无摄。取士必得，无专杀大夫。五命曰：无曲防，无遏籴，无有封而不告。曰：凡我同盟之人，既盟之后，言归于好。③（《孟子·告子下》）

诸侯相会于葵丘，订盟宣誓。纵观《孟子》所记载盟书的全部内容，主要分为 5 个方面，第一，诛责不孝之人，不得废嫡立庶，不能立妾为妻；第二，尊崇、培养人才，表彰有德才之人；第三，敬爱老人、爱护幼儿，不要怠慢贵宾和旅客；第四，士可以世袭爵位，但不可以世袭为官，也不得兼任多职，盟书要求广求贤能以纳士，取士须以德才兼备为标准，不得擅自处死士大夫；第五是关于水利粮食生产、诸侯封邑的问题，盟书要求诸侯不得擅自筑堤截断水源，不能囤积粮食、限制粮食买卖，使受灾缺粮的国家能够买到粮食，另诸侯不得有新的封邑而报告盟主。而此次盟会的目的也正如《左传》所记载，即凡是参与此次会盟的诸侯，在订盟之后，要恢复往日的友好关系，重归于好，这是对春秋国际秩序的一次新的重塑。具体来说，是在政治、经济和文化上对春秋国际秩序的调整和重塑，政治上，正如盟书中第一和第四条所言，规范诸

---

① 杨伯峻.春秋左传注 [M].北京：中华书局，2009：326-327.

② （晋）范宁注，（唐）杨士勋疏，（清）阮元校刻.春秋穀梁传注疏 [M].北京：中华书局，1980：80.

③ 杨伯峻.孟子译注 [M].北京：中华书局，2010：266.

侯内部的君位继承秩序与上下尊卑等级，调整官制，举贤任能；经济上，正如盟书中第五条所言，打破诸侯之间的割据封闭，加强诸侯之间的经济联系，调整生产关系以促进生产力的发展；文化上，正如盟书中第二和第三条所言，重德行才智，推崇礼仪道德，借此对春秋国际社会的意识形态领域进行调整、统一。

齐桓公以春秋霸主的身份主持此次葵丘之盟，在政治、经济、文化上对春秋国际秩序的调整和重塑，是十分有利于促进春秋社会政治繁荣升平、经济开放发展及文化规范统一的。总之，这次会盟使齐桓公的霸业达到了春秋时代的顶峰。史书记载，春秋五霸以齐桓公为最盛；齐桓公九合诸侯，又以"葵丘之盟"为最盛。

不久之后，晋献公卒，晋国因君位之争而陷入内乱，这严重违背了葵丘之盟中盟书中的政治盟誓，齐桓公为维护春秋政治秩序的稳定，助平晋乱，安定晋国局面。

> 晋献公卒，里克、丕郑欲纳文公，故以三公子之徒作乱。冬十月，里克杀奚齐于次。荀息立公子卓以葬。十一月，里克杀公子卓于朝，荀息死之。[1]
>
> 齐侯以诸侯之师伐晋，及高梁而还，讨晋乱也。……齐隰朋帅师会秦师，纳晋惠公。[2]

齐桓公先是因晋国诸子争立引发的内乱而违背盟约之缘由，率诸侯之师前来讨伐晋国，未及而还实则是对其的警告，同时彰显齐国霸主的权威；后桓公为维护春秋秩序，派隰朋率师与秦师会合，纳夷吾入晋即位，是为晋惠公。这

---

[1] 杨伯峻.春秋左传注 [M].北京：中华书局，2009：329.

[2] 杨伯峻.春秋左传注 [M].北京：中华书局，2009：330.

是齐国与西方的秦国共同安定晋国的大计，是将霸业影响力扩展到西方诸侯国的开始。① 这无疑又将齐国霸业的深度和广度又推进到了一个新的高度。

齐国霸业行盛，齐桓公屡建奇功，自葵丘会盟之后便日渐骄横。他陶醉于自己的丰功伟绩，并将自己比肩于夏禹、商汤、周文武，认为自己已与他们平起平坐，"昔三代受命，有何以异于此乎？吾欲封泰山，禅梁父"②，并想要效法尧、舜、禹、商汤、周成王的先例而封禅泰山梁父，作为受命于天的圣人，南面称孤道寡。管仲极力劝阻，桓公才罢休。齐桓公晚年更加骄横，在齐国国力渐衰的现实情况下，仍要与诸侯相会于淮，鲁僖公十六年（公元前644年），"会于淮，谋鄫，且东略也。城鄫，役人病。有夜登丘而呼曰：'齐有乱。'不果城而还"。③ 淮之会，一方面是谋救被淮夷侵伐的鄫国，但齐桓公的主要目的还是想征诸侯之师大举东伐，这明显脱离了齐国及中原诸侯国的发展轨迹，势必会导致齐国的内乱以及诸侯的贰心与叛离。所以，"事物的发展是矛盾的，而矛盾又具有对立统一性"④，齐国霸业在全面强盛之后，必然要走下坡路。同时，当时春秋之势，西有晋秦、南有强楚、北有戎狄，随着周边势力的逐渐强大，齐国的霸权已经受到了严重的威胁和挑战。

鲁僖公十七年（公元前643年），齐桓公去世，齐国稳定的局面被打破，后宫干政，宦官专权，五子争立直接导致了齐国的内乱，加速了齐国霸权的衰落。但齐国毕竟存有大国底蕴，加上齐孝公的即位基本稳定了齐国的局面，使得齐国仍存有桓公霸业之余威。鲁僖公十九年（公元前641年），诸侯盟于齐，欲重修桓公之好，"陈穆公请修好与诸侯，以无忘齐桓之德。冬，盟于齐，修

---

① 王阁森，唐致卿. 齐国史 [M]. 济南：山东人民出版社，1992：216.

② （汉）司马迁. 史记 [M]. 北京：中华书局，1982：1491.

③ 杨伯峻. 春秋左传注 [M]. 北京：中华书局，2009：370.

④ 中共中央马克思恩格斯列宁斯大林著作编译局编译. 马克思恩格斯选集 [M]. 北京：人民出版社，2012.

桓公之好也"[①]，足以证明齐桓公霸业的持久影响力。但是，齐孝公资质平平，根本无法与桓公相提并论，齐国实力渐衰，而晋国随着晋文公的主政，势力不断崛起，城濮之战直接奠定了晋文公霸权的基础，所谓"一战而霸文之教也"，齐国霸业的地位终易位于晋国。

① 杨伯峻.春秋左传注 [M].北京：中华书局，2009：384.

# 第四节　武力征伐的军事对外关系政策

齐国在推行其对外关系政策以形成、稳定霸业的过程中定会遇到诸多阻力，这时就必须要以必要的军事对外关系作为辅助。齐国通过管仲改革，国富兵强，建立了雄厚的国家实力，这就为齐国的军事对外关系实践奠定了坚实的物质基础。齐国对外武力征伐并不是凭借强国霸权乱施淫威，而是以那些对齐国不敬、不与齐国同盟的诸侯国为征伐对象，诸如谭、遂，郑、鲁等，这些武力征伐在绝对意义上树立了齐国霸主的权威，维护并巩固了齐国霸业的稳定。

## 一、伐灭小国以儆效尤

齐桓公即位之初，就因谭国和遂国不礼于齐而将其灭国。《左传·庄公十年》记载："齐侯之出也，过谭，谭不礼焉。及其入也，诸侯皆贺，谭又不至。冬，齐师灭谭，谭无礼也。"①齐襄公祸乱时，桓公奔莒过谭国，谭国当时对桓公有不礼之举；当桓公即位诸侯皆来祝贺时，谭国又不前来，桓公为讨其对齐国不礼之罪，兴师讨伐而灭之。这是桓公即位之后灭掉的第一个诸侯小国，这也为桓公的霸业拉开了先声。此外，桓公灭掉谭国的另一个重要原因，杨伯峻在《春秋左传注》中解释道：谭处于临淄与峯之间，为东西通道之所必经，齐国不能不加控制而存其社稷。②

鲁庄公十三年（公元前 681 年），齐又灭遂。"十三年春，会于北杏，以

---

① 杨伯峻.春秋左传注[M].北京：中华书局，2009：184-185.

② 杨伯峻.春秋左传注[M].北京：中华书局，2009：185.

平宋乱。遂人不至。夏，齐人灭遂而戍之。"①齐主北杏之会盟，而遂国未来参会。北杏之会是齐桓公试图确立齐国霸权而第一次主持的诸侯会盟，遂国不参与就表示其与齐国不在统一战线之中，同时，大国主会而小国未与，这也是遂国对齐国的不敬，于是桓公灭掉遂国以儆效尤。

齐国相继灭谭、遂，实际上是在释放一种信号，凡不与我同盟者，会如谭、遂这般结局。齐国以武力征服的对外关系方式通过对小国的征伐树立起了齐主霸春秋的威严。

## 二、屡伐郑国以惩不忠

郑国的战略地理位置居于齐国与楚国的中间过渡地带，齐国、楚国在当时都是强国，郑国在其夹缝中艰难生存，"居大国之间，而从于强令，岂其罪也？人国若弗图，无所逃命"②。(《文公十七年》)沈钦韩在《春秋左氏传补注》中解释道：齐桓之时，郑固从齐，而亦间成于楚。所以然者，介于两大也，以救急也。③齐国霸业强盛，郑国常依附齐国，但此时楚国的势力范围不断北上已深触郑国边缘，郑国时常遭受楚国的军事威胁，有时也不得不屈服于楚国的淫威之下。这样，郑国就摇摆于齐、楚之间，而此时齐国作为中原诸侯的霸主，当郑国投靠、顺服于楚国时，齐国就会兴讨伐之师以惩其不忠，以武力胁迫将郑国再次纳入齐国的诸侯联盟阵营之中。

鲁庄公十五年（公元前 679 年），齐率宋、邾之师为宋国讨伐郳，郑国乘此间隙，兴兵侵伐宋国，"秋，诸侯为宋伐郳。郑人间之而侵宋"④。试想，齐

---

①　杨伯峻. 春秋左传注 [M]. 北京：中华书局，2009：194.

②　杨伯峻. 春秋左传注 [M]. 北京：中华书局，2009：627.

③　(清)焦循、沈钦韩撰. 曾义、郭晓东主编. 春秋左氏传补注 [M]. 上海：上海古籍出版社，2016.

④　杨伯峻. 春秋左传注 [M]. 北京：中华书局，2009：200.

国作为霸主正为宋国行讨伐之事以维系春秋秩序，而郑国此举无疑是对齐国的冒犯和挑衅，势必会遭到齐国的惩罚，来年齐国便率诸侯之师来讨伐郑国，"夏，诸侯伐郑，宋故也"①。郑国实力不足以与强齐抗衡，顺而投靠、依附齐国，在同年冬的幽之盟中，郑伯顺服于齐桓公。按礼，郑伯顺服于齐来年应往齐国朝见齐桓公，但是郑伯却没有，桓公为维护自己的权威再次兴兵伐郑，"齐人执郑詹，郑不朝也"②，齐人抓获郑大夫以示对郑国不来朝的警惩。

齐国的连续讨伐使得郑国心生嫌隙，怀有叛逆之心，《左传·文公十七年》对郑国的这一变故有记载：郑子家使执讯而与之书，以告赵宣子，曰：……（郑）文公二年六月壬申，朝于齐。四年二月壬戌，为齐侵蔡，亦或成于楚。③郑文公之二年当为鲁庄公之二十二年，即公元前672年，此时郑国仍然是臣服于齐国的，而两年之后，大概是因为齐国迫使郑国出兵侵伐蔡国的缘故，郑国不堪其压迫转而投靠楚国，与楚国交好。郑国虽国小势弱，只是相对于齐、楚而言，其整体实力在春秋时期还是处于中等偏上等级的，郑国的选择对春秋局势，尤其是齐、楚格局还是有一定影响的，也正是基于如此考虑，齐桓公为拉拢郑国在鲁庄公二十七年（公元前668年）主持会于幽地的诸侯会盟，接受郑国的重新依附。"夏，同盟于幽，陈、郑服也"④，郑国再次回到齐国主导的阵营之中。

郑国因为参与王室内事再次背叛齐国。周惠王时，王后惠后宠幸王子带，故周惠王欲废太子郑而立子带。废嫡立庶是严重的违礼之举，桓公作为春秋秩序的维护者当然不能允许这样的事情发生，鲁僖公五年（公元前655年），齐

---

① 杨伯峻.春秋左传注 [M].北京：中华书局，2009：202.

② 杨伯峻.春秋左传注 [M].北京：中华书局，2009：205.

③ 杨伯峻.春秋左传注 [M].北京：中华书局，2009：627.

④ 杨伯峻.春秋左传注 [M].北京：中华书局，2009：236.

桓公主诸侯会盟于首止，尊王太子郑以安定之，谋求稳定周王室的继承大体。而这样做就违背了周惠王立王子带的本意，惠王对齐桓公新生憎恨，于是怂恿郑国，逃盟以叛齐。

> 秋，诸侯盟。王使周公召郑伯，曰："吾抚女以从楚，辅之以晋，可以少安。"郑伯喜于王命而惧其不朝于齐也，故逃归不盟。孔叔止之，曰："国君不可以轻，轻则失亲。失亲患必至，病而乞盟，所丧多矣，君必悔之。"弗听，逃其师而归。[①]

周惠王提到了晋、楚，两国未参与齐国的此次会盟，说明两国至少不是与齐国在同一个战线，假使郑国背叛齐国也会有退路可走，惠王借此来安抚郑国。郑文公得王命受宠若惊，但仍对齐国心有忌惮，便率师会盟，在订盟时却不参与确立太子郑的会盟。这时郑大夫孙叔劝谏郑伯三思而后行，草率逃盟势必会失去并得罪齐国这个强大的后援，那样祸患将至后果不堪设想。郑伯一意孤行，弃师而自己逃归回国了。这就意味着郑国再次背叛了齐国，从来年的诸侯伐郑而楚国救郑来看，郑国确是南归投靠楚国了。

郑国的逃盟且降楚再一次挑战了齐国的霸权权威，这也是对齐桓公霸主地位的不敬和挑衅，是对中原稳定秩序的严重破坏。齐桓公作为中原秩序的维护者绝不会允许这样的事情蔓延，鲁僖公六年（公元前654年），桓公兴诸侯之师往郑讨伐其不敬不盟之罪，联合鲁、宋、陈、卫、曹等国军队以伐郑，围困郑国新城，"夏，诸侯伐郑，以其逃首止之盟故也"[②]。第二年春天，齐国兴师再次讨伐郑国。

> 七年春，齐人伐郑。孔叔言于郑伯曰："谚有之曰："心则不竞，

---

① 杨伯峻 . 春秋左传注 [M]. 北京：中华书局，2009：306.

② 杨伯峻 . 春秋左传注 [M]. 北京：中华书局，2009：313.

何惮于病。"既不能强，又不能弱，所以毙也。国危矣，请下齐以救国。"

公曰："吾知其所由来矣。姑少待我。"对曰："朝不及夕，何以待君？①

齐国的连续讨伐引起了郑国国内大夫的恐慌，孔叔又进言郑伯，郑国不属强国也非弱国，若安于现状而不谋求改变，持续下去郑国一定会很危险。孔叔进一步劝谏郑伯，如今的郑国就处在很危急的境地，犹朝露之不及夕也，应紧快投靠臣服于齐国以自救。郑伯作为一国之君，十分清楚郑国面临的处境，也明白只有投靠齐国才能解救郑国目前的危急。同年夏，"郑杀申侯以说于齐"②，说，即悦，犹今言之讨好巴结之义。郑伯杀了从楚国叛逃回来的申侯，向齐国及诸侯解释了奸佞叛齐的罪行，以此来向齐国谢罪，证明了郑国回归投靠齐国的诚心与诚意。

郑国向诸侯请和，于是齐桓公会鲁僖公、宋公、陈世子款及郑世子华于宁母之地，协商谋划与郑国联盟之事。此时管仲有言进于桓公，"臣闻之，招携以礼，怀远以德，德礼不易，无人不怀"③（《僖公七年》）。携在杨伯峻解释为离也，在此应是指有离贰之心的郑国，怀，名词作动词，归也，至也，在此意为使归复。管仲认为，要用礼义来招抚那些离叛、有贰心得国家，要用仁德来归化那些远离齐国国土的诸侯是其安心，只有坚持礼义、仁德，诸侯才能诚心归附，齐国的霸业才能稳固。齐桓公接受了管仲的谏言，广施仁义于诸侯。这说明，齐桓公在稳定齐国霸业时，对不敬不盟的诸侯采取武力征伐的军事手段固然是重要的，同时以仁义、礼、德来归化安抚也同样重要。齐桓公的怀柔政策收到了效果，同年冬，郑伯请求与齐桓公进行会盟，翌年春，郑伯再次请求

---

① 杨伯峻.春秋左传注 [M].北京：中华书局，2009：315-316.

② 杨伯峻.春秋左传注 [M].北京：中华书局，2009：316.

③ 杨伯峻.春秋左传注 [M].北京：中华书局，2009：317.

会盟，以表示郑国归附齐国的诚心，"八年春，盟于洮，郑伯乞盟，请服也"①
（《僖公八年》）。在此后相当长的时间内，郑国始终追随齐国，参与齐国的会
盟及征伐，两国建立了稳固的战略同盟关系。

### 三、讨伐鲁国以续霸业

在齐国的睦邻安邻政策以及鲁国的忠心依附、追随之下，齐鲁两国之间
的关系在齐桓公当政时期一直处于友好稳定的状态。需要注意的是，这种状
态的维持是在齐强鲁弱的既定格局下进行的，即是说，是在齐国霸业的固定
背景之下形成并延续的这种齐鲁关系。但是，随着齐桓公的去世，诸子争立
导致齐国国内发生内乱，齐国的霸业随之衰退，而齐鲁之间的关系也会随着
发生改变。

齐鲁两国之间的摩擦始于齐桓公在位的最后一年，即鲁僖公十七年（公元
前643年）。前一年，齐桓公主鲁、宋、陈、卫、郑、许、邢、曹等诸侯国在
淮地会盟，因鄫国为淮夷所侵犯，谋而救之。会后第二年，鲁僖公未归曲阜，
而是径直南下灭掉项国。"（鲁）师灭项。淮之会，公有诸侯之事未归而取项。
齐人以为讨，而止（执）公。"②齐桓公认为，鲁国作为齐国的附属小国，未征
求齐国的同意而擅自采取军事行动，这是对齐国霸主地位的不敬之举，于是，
桓公以此来讨伐鲁国，并抓捕了鲁僖公以示惩戒。同年秋，僖公夫人声姜亲自
往卞地会见齐桓公请求桓公放僖公归国，因声姜是齐国宗室，与齐桓公有血缘
之亲，"秋，声姜以公故，会齐侯于卞。九月，公至"③，不久僖公就回到鲁国。
试想，作为一国之君，鲁僖公俨然沦为了齐桓公的阶下之囚，这对僖公来说简
直就是奇耻大辱。虽然这次事件最终得到了和平解决，但其影响也势必会左右

---

① 杨伯峻.春秋左传注 [M].北京：中华书局，2009：321.

② 杨伯峻.春秋左传注 [M].北京：中华书局，2009：373.

③ 杨伯峻.春秋左传注 [M].北京：中华书局，2009：373.

齐鲁关系的走向，无法避免地使两国关系产生裂痕。

随后，齐桓公去世，齐国接着发生内乱，齐孝公在宋襄公的扶持之下才得以归国即位。即使孝公即位稳定了混乱的政治局势，齐国也难复桓公时期的鼎盛霸业，齐国霸权的衰落已在所难免。但现实情况是，齐孝公错误地估判了齐国当时的形势，仍以春秋霸主自居。齐孝公这种错误的治国导向及齐国霸业的中衰都加速了齐鲁之间关系的转变，这在齐国对待鲁国私自会盟的问题上体现得淋漓尽致。鲁僖公二十六年（公元前 634 年），因鲁国在未语会齐的情况下私自与莒、卫、宁等诸侯会盟，齐国便以不敬之名兴讨伐之师侵犯鲁国。

> 齐师侵我西鄙，讨是二盟也。①
>
> 夏，齐孝公伐我北鄙。卫人伐齐，洮之盟故也。公使展喜犒师，使受命于展禽。……齐侯曰："鲁人恐乎？"……"室如县罄，野无青草，何恃而不恐？"对曰："恃先王之命。昔周公、大公股肱周室，夹辅成王。成王劳之而赐之盟，曰："世世子孙，无相害也。"载在盟府，大师职之。桓公是以纠合诸侯而谋其不协，弥缝其阙而匡救其灾，昭旧职也。及君即位，诸侯之望曰："其率桓之功。"我敝邑用不敢保聚，曰："岂其嗣世九年而弃命废职，其若先君何？"君必不然。恃此以不恐。"齐侯乃还。②

二盟，是指先前鲁国所参与的两次会盟，一次是去年的洮之盟，鲁、卫、向三国会于洮之地，卫国调和鲁国与莒国之间的关系，使鲁与莒两国摒弃前嫌，重归于好；另一次则是今年的向之盟，鲁、莒、宁三国会于向地，寻洮之

---

① 杨伯峻.春秋左传注 [M].北京：中华书局，2009：439.

② 杨伯峻.春秋左传注 [M].北京：中华书局，2009：439.

盟，目的在于强化三国之间的关系。杨伯峻先生认为，齐孝公仍以霸主自居，不以鲁国与他国盟会为然，竟以此为讨。不久，齐国又兴师对鲁国进行讨伐，从齐孝公对展禽、对鲁国的傲慢态度来看，杨伯峻先生所说证明是正确的，齐孝公对鲁国的擅自会盟一直耿耿于怀，两次征伐鲁国都直接证明了齐孝公对齐国已非春秋霸主这个既定事实的认识不清，仍旧沉迷于桓公霸业的余梦之中。而事实上，从展禽回复齐孝公的外交辞令中窥探，诸侯虽对齐孝公寄予厚望，希望其能"率桓之功"，但孝公实已背弃桓公遗命，不能肩负起团结诸侯匡救中原的重任。而后，卫国因与鲁国结洮之盟，有互救之义，所以救鲁伐齐，试想，桓公时期的卫国只是齐国的一个同盟小国，断不敢对齐国动用武力，而今却为鲁伐齐，这也间接地证明了齐国霸权确已衰落。

齐国对鲁国的连续侵伐使两国走向了相反的方向，两国关系宣告破裂。鲁国作为一个二等诸侯，在竞争愈发紧张激烈的春秋社会生存是何等的困难，必须要依靠一个强大的诸侯，南方的楚国因与鲁国的地缘关系临近，成为鲁国的首选。鲁国投靠楚国，依靠楚国军队来讨伐齐国，鲁僖公二十六年（公元前 634 年），"东门襄仲、臧文仲如楚乞师，臧孙见子玉而道之伐齐、宋，以其不臣也"[1]。透过这段历史记载，我们可以挖掘出两方面的内涵：一是鲁国前往楚国请师，并伙同楚师共同伐齐，一方面鲁伐齐说明齐鲁关系已彻底决裂，甚至已到兵戈相向的地步，另一方面鲁如楚乞师已表明鲁国弃齐投楚，依靠楚国作为自己新的靠山；二是楚国伐齐《左传》记载的原因是"不臣"，杜预在《春秋左氏经传集解》中解释为齐不臣事周室，楚因此罪责而伐之。但是沈钦韩在《春秋左氏传补注》中反驳道：楚已僭号，岂复有

---

① 杨伯峻.春秋左传注 [M].北京：中华书局，2009：440.

尊周之心？此云不臣者，以齐不肯尊事楚耳。①结合当时的历史背景，作者认为沈钦韩所说更为符合史实。综合观之，《左传》能够对楚伐齐的原因直截提明则足以证明，春秋至此，随着齐国实力的不断衰落，齐国霸业将宣告终结。

---

① （清）焦循、沈钦韩撰．曾义、郭晓东主编．春秋左氏传补注[M]．上海：上海古籍出版社，2016．

# 第四章　春秋中后期齐国对外关系政策

春秋中后期的社会形势，晋、楚霸主更迭，动荡不安。晋国率先崛起，晋文公将晋国带入强国行列，在与强楚城濮之战后，确立了晋国春秋霸主之位，襄公续霸，巩固晋国的霸主地位。其后晋国中衰，楚国取而代之，在邲之战大败晋国，成为新的春秋霸主。晋国在厉公、悼公时积极经略复霸，先后在鄢陵之战与湛阪之战中大败楚国，重新取得诸侯霸主地位。晋楚之间进行了长达近一个世纪的争霸战争，不仅使双方深陷泥潭，还严重损害了其他诸侯的安危，于是，弭兵运动兴起。弭兵基本结束了晋楚因争霸而造成了军事对峙，两国共同瓜分霸权的均势带来了相对稳定和平的环境。争夺春秋霸权的主战场转移到了南方的吴国和越国。深处如此形势之中的齐国，自齐桓公殁后逐渐丧失春秋霸权，而后接连不断的诸如五子争立之乱、崔庆之乱及栾高之乱等内乱严重消耗了齐国的国力，致使齐国失去了争夺霸权的机会和实力。齐景公时期齐国虽在晏婴的匡扶之下短暂崛起复霸，但很快破产最终以失败而告终，姜氏政权最终也被陈氏所取代。但不可否认的是，齐国仍然以其强大的政治经济军事实力保有大国的地位，晋卿赵孟在弭兵之会时曾言："晋、楚、齐、秦，匹也，晋之不能于齐，犹楚之不能于秦也。"①可见齐国地位之高，仍然是制衡春秋形势发展不可缺少的力量。

在如此大背景下，齐国审时度势，根据本国的实际并依据春秋社会的发展态势，采取了灵活多变的、具有针对性的对外关系政策。一方面，斡旋于晋楚之间的平衡对外关系政策，根据晋、楚之间形势的动态发展而采取不同对外关系策略，斡旋于两大国之间，平衡齐国在其中的利益关系，在晋楚争霸中占据先机；另一方面，外归其义的对外关系政策，既要和睦于诸侯，在乱世之中为齐国争取和平稳定的发展环境，又要树立齐国的大国威严，在诸侯列强中掌握主动话语权。对外关系政策的推行与内政改革的双行并轨，使齐国在春秋中后期一直保有大国的地位。

---

① 杨伯峻. 春秋左传注 [M]. 北京：中华书局，2009：1130.

# 第一节　斡旋于晋楚之间的平衡对外关系政策

春秋中后期，晋楚两大强国之间的霸权争夺成为当时社会发展的主旋律，两国势力此消彼长，轮流坐庄春秋霸主。此时的齐国早已失去了争夺霸权的时机与能力，只能在晋楚争霸的大背景下谋求发展。同时必须认清，齐国式微，只是针对晋国和楚国这等强国而言，在春秋诸侯中齐国仍然保有大国的地位，依晋则晋强，联楚则楚盛，仍然是制衡春秋形势发展不可缺少的力量。因此，此时齐国对外关系政策主要是以处理好与晋、楚的关系为重点切入，斡旋于两大国之间，平衡齐国在其中的利益关系，晋霸则倒向晋国，反之，楚强则与之联盟，若晋楚行衰则齐国谋求更大的作为，在晋楚争霸中占据先机，争取主动，以维护并争取齐国的最大利益。

## 一、倒向晋国，联晋抗楚

晋文公回国即位后刷新政治，在内政、经济和军事等方面着手进行整治，取得了显著的成效；晋文公还加强了与周室的联系，平定子带之乱而稳固周襄王之位，扩大了疆域领土，这些都为晋国霸业打下的坚实的基础。此时的齐国霸业已中衰，但齐国国君仍以霸主自居，对不敬的诸侯小国行讨伐之师。先前，鲁、卫、向三国会于洮，鲁、莒、宁三国会于向，两次会盟都是在事先未语会齐国批准的情况下进行的，齐国以此为不敬而屡次兴兵伐鲁。齐国此举就将鲁国推向了楚国的怀抱，于是鲁国投靠楚国，联合楚师征伐齐国，"公以楚师伐齐，取谷。凡师能左右之曰以。置桓公子雍于谷，易牙奉之以为鲁援。楚申公叔侯成之。桓公之子七人，为七大夫于楚"①(《僖公二十六年》)。楚鲁联军占领齐国谷之地，并将齐公子雍安置于此，桓公外逃于楚的 7 个公子，楚国全部封以大夫之爵位。楚国欲借此机会北上中原以争夺春秋霸权。

晋、楚的强霸及楚国对齐国的侵伐给齐国造成了严重的冲击，至此，齐国国君才从齐国霸业的余梦中清醒过来，接受了齐国大势已去的事实。但此时齐国内外交困，国内内乱不断，诸公子之间的君位争夺愈演愈烈，使内政陷入混乱的齐国已自顾不暇；面对南面虎视眈眈的强楚，齐国无力阻止楚国的大举进攻。在如此严峻的内外形势下，齐国只好倒向晋国，一方面寻求晋国的庇护，借此稳固齐国混乱的局面，一方面依靠晋国来消解来自楚国的威胁，并联合晋国来对抗楚国。作为当时的大国，齐国与晋国结盟对春秋形势产生了决定性的影响，直接导致晋楚争霸的天平倾向了晋国。公元前 632 年，在晋楚争夺春秋霸主之位的城濮之战中，齐与晋结盟，"晋侯、齐侯盟于敛盂"②(《僖公二十八年》)。齐晋结盟极大地增强了晋军的实力，齐国协助晋国取得了城濮之战的决定性胜利。晋国取威定霸，践土之盟中，周襄王正式册封晋文公为霸主。

晋国成为春秋霸主，兑现了齐国当初结盟晋国的初衷。齐国以盟友的身份得到了晋国霸权羽翼的保护，不但解除了来自楚国的威胁，保证了齐国的安危，而且还为齐国的发展提供了稳定了外部环境，稳定了齐国政局，为齐国的在其崛起创造了条件。在诸多利益的驱使之下，齐国坚定地追随晋国，深化其战略同盟的关系。同年冬，齐国往温之地与晋国会盟，出兵助晋国讨伐不归服晋的卫、许等小国，以此表明齐国对晋国的忠诚之心。第二年夏，齐侯又同鲁、宋等诸侯与晋国在翟泉会盟，寻践土之盟之好，加深彼此之间的同盟关系。鲁文公七年（公元前 620 年），晋灵公新立，齐国前往晋国朝聘，并与

---

① 杨伯峻.春秋左传注 [M].北京：中华书局，2009：442.

② 杨伯峻.春秋左传注 [M].北京：中华书局，2009：452.

晋国再次会盟。这些都明示了齐国对晋国的重视程度，"凡诸侯即位，小国朝之，大国聘焉，以继好、结信、谋事、补阙，礼之大者也"①，此时齐聘晋，正是为了继续发展与晋国的友好同盟关系、深化与晋国的双边信任及为两国的关系作共同谋划。总之，齐、晋在晋国强霸、齐国追随的背景下维持着两国之间的同盟关系。

## 二、叛晋结楚，联楚抗晋

随着春秋形势的不断发展变化，齐国与晋国、楚国之间的关系也随之变化。在齐晋同盟的影响之下，齐国的内乱逐步平息，政局趋于稳定，国家形势发展利好，国家实力逐渐增强，在春秋社会中的影响力愈来愈大。齐国的发展与此时齐国在齐晋同盟中的定位势必会产生摩擦与矛盾，随着齐国实力与晋国霸权之间的反向发展，两国渐生嫌隙，关系走向恶化。而此时的春秋形势对齐晋关系也颇为不利。晋文公、襄公之后，晋平公年幼，政权被赵氏把持，晋国霸业中衰；而此时南方的楚国在楚庄王时期不断强盛，在与晋国的霸权争夺中处于主动，最终取代晋国成为新的春秋霸主。此时与晋国的结盟已不符合齐国的利益诉求，为寻求更好的发展，齐逐渐背离晋国投向了楚国的怀抱。

齐国背离晋国主要由两方面的原因促成，一方面是来自晋国向外的推力，首先由于齐晋之间关系的松动，晋国将同盟的对象由齐国转移到鲁国，甚至为了鲁国而合诸侯之师伐齐，这直接导致了齐晋关系的紧张；其次由于晋臣郤克在齐国受辱，誓言报复齐国，最终导致齐晋关系彻底破裂，兵戈相向。二是来自楚国的拉力，楚国强霸成为逐渐成为新的诸侯领袖，并聘问齐国向齐国示好，最终将齐国拉向了自己的阵营。

鲁文公十四年（公元前613年），齐昭公死，"子叔姬妃齐昭公，生舍。

---

① 杨伯峻.春秋左传注[M].北京：中华书局，2009：918.

叔姬无宠，舍无威"①，公子商人弑舍自立，为齐懿公。齐懿公不但杀舍，还将子叔姬囚禁，子叔姬为鲁宗室女，鲁国为此先后向周室及晋国求救。或许是由于晋国应允鲁国的缘故，次年秋，齐国发兵侵鲁，以示对晋国行为的不满，这表明此时齐晋关系已非昔日之好。鲁国以晋国为诸侯领袖，又将齐国对鲁国的罪行诉于晋国。面对齐国的挑衅行为，为了维护晋国的霸主权威同时拉拢鲁国，晋国在扈之地会盟诸侯，谋划讨伐齐国，"冬十一月，晋侯、宋公、卫侯、蔡侯、郑伯、许男、曹伯盟于扈，寻新城之盟，且谋伐齐也。齐人赂晋侯，故不克而还"②，虽然最后因齐国的贿赂晋国撤兵，但晋国此次对齐国的征伐行为给两国关系蒙上了一次阴影。

鲁宣公十二年（公元前597年），楚国伐郑，晋师救郑，双方为此在邲之地展开一场激战，邲之战实际上就是晋楚之间为春秋霸权而进行的一次武力角逐，最终晋师败绩。这也就表明了春秋霸主的易位，楚国成为新的霸主。楚国称霸后，为扩展势力范围，将目标指向了齐国，隔一年，楚国派使者申舟聘于齐，向齐国示好。这种高规格的国家间的聘访外交无疑会使齐楚关系又向前发展了一步，而与此相对，齐晋关系则急转直下。

鲁宣公十七年（公元前592年），晋国欲合诸侯于断道之地会盟，于是派郤克往齐征会。郤克是个跛子，当他觐见齐顷公时，被帷帐后的宫女所嘲笑。郤克受辱而怒，誓要讨伐齐国。归国后请求景公发兵而没有被准许，为了报复，郤克在诸侯卷楚会盟时囚禁了齐国的使者，"盟于卷楚，辞齐人，晋人执晏弱于野王，执蔡朝于原，执南郭偃于温"③。两国交兵不斩来使，更何况这只是诸侯会盟，晋国囚禁齐使使本来就紧张的齐晋关系走向破裂，齐国因此而叛

---

① 杨伯峻．春秋左传注 [M]．北京：中华书局，2009：602．

② 杨伯峻．春秋左传注 [M]．北京：中华书局，2009：613．

③ 杨伯峻．春秋左传注 [M]．北京：中华书局，2009：773．

离晋国。

背离晋国的齐国选择与楚国结盟，鲁成公元年（公元前590年），"闻齐将出楚师，夏，盟于赤棘"①。这段话表明，一方面齐国已经与楚国结盟，并联军讨伐鲁国；另一方面，鲁国为应对齐国的威胁，与晋国结盟，投向晋国的怀抱。鲁国大夫臧宣叔的话直接证明了这一点，"齐、楚结好，我新与晋盟，晋、楚争盟，齐师必至。虽晋人伐齐，楚必救之，是齐、楚同我也"②。齐国因与楚国结盟就会与晋国为敌，那齐国会先从鲁国下手。果不其然，翌年，齐师来伐，一直南侵到巢丘，同为晋国同盟的卫国为救鲁国而侵齐，战于新筑，卫师败绩。晋国出兵援救鲁、卫，与齐师陈兵与鞌，齐晋之间爆发鞌之战。战争中双方实力对比的差距，齐国明显处于下风，于是齐顷公派宾美人向晋国献贿并求和。一心复仇的郤克提出了极为苛刻的条件："必以萧同叔子为质，而使齐之封内尽东其亩。"③即要求齐顷公生母到晋国作人质，并将齐国田亩改为东西走向。齐国断然拒绝，决定背水一战。鲁、卫担心齐国日后的疯狂报复，竭力劝说晋国讲和，最终，齐晋两国各自相让，在爰娄订立盟约，齐国归还鲁国的汶阳之田。

楚国，作为齐国的同盟，焉能坐视齐国不理，同时又出于对抗晋国的考虑，同年冬，楚出兵攻打鲁、卫以救齐。鲁国形成，楚人许平。同年十一年，楚合齐、鲁、秦、蔡、许、宋、陈、卫、郑等诸侯在蜀之地会盟。蜀之盟不但巩固了齐楚之间的同盟关系，还进一步巩固了楚国的霸主地位。

通过这两次战争我们不难看出，无论是晋伐齐抑或是楚伐鲁，这些都是政治意义大于军事目的的，晋伐齐一方面是为了使齐国再次屈服于晋，更重要的

---

① 杨伯峻．春秋左传注 [M]．北京：中华书局，2009：784.

② 杨伯峻．春秋左传注 [M]．北京：中华书局，2009：784.

③ 杨伯峻．春秋左传注 [M]．北京：中华书局，2009：797.

是达到对抗楚国的目的；楚伐鲁一方面是为了拉拢齐国壮大自己的势力，更重要的也是达到对抗晋国的目的。由此可见，晋服齐以抗楚，楚拉齐以制晋，晋、楚之间的对抗与争霸，都与齐国有重要而密切的关系，即是说，齐国处在晋楚争霸的关键位置上。这与齐国的实力及齐国在当时诸侯中的地位和影响力有莫大的关系，齐国始终是春秋社会关系中的一支重要力量。晋卿赵孟第二次弭兵之会时所言可以证明这一点，"晋、楚、齐、秦，匹也，晋之不能于齐，犹楚之不能于秦也"①。晋楚齐秦四诸侯，无论是地位抑或是实力几乎是相匹配的，四诸侯之间谁也不能指挥谁。由此可见齐国地位之高，仍然是制衡春秋形势发展不可缺少的力量。这既是齐国能够斡旋与晋、楚之间平衡齐国在其中的利益关系而仍被晋、楚拉拢的实力资本。

晋国充分地认识到了齐国在其争霸过程中的重要作用，积极拉拢齐国归附。先是积极与齐国联姻，构建起于齐国沟通的纽带；然后，为了进一步拉拢齐国，竟将属于鲁国的汶阳之田送与齐国，"晋侯使韩穿来言汶阳之田，归之于齐"②。

汶阳之田在鞌之战后已由齐国归还于鲁，现又不惜牺牲同盟鲁国的利益强行取之而送齐。暂且不言结果如何，晋国的行为定会严重损害其大国威严，给晋国的霸主地位造成了冲击，诸侯纷纷对晋国产生贰心，"为归汶阳之田故，诸侯贰于晋"③。但晋国为拉拢齐国采取的种种措施似乎并没有收到实质性的效果，齐国并未表示出亲近晋国的意图。鲁襄公元年（公元前 572 年），晋合诸侯于彭城谋划伐郑之事，齐国未与会，晋国恼怒出兵伐齐，齐国摄于晋国的淫威而送质子为晋，这是两国互不信任的表现。第二年，晋再次会盟诸侯谋郑，

---

① 杨伯峻.春秋左传注 [M].北京：中华书局，2009：1130.

② 杨伯峻.春秋左传注 [M].北京：中华书局，2009：837.

③ 杨伯峻.春秋左传注 [M].北京：中华书局，2009：842.

鲁请城虎牢以逼郑，齐国再次缺席，晋智武子道出了其中的玄机，"鄬之会，吾子闻崔子之言，今不来矣。滕、薛、小邾之不至，皆齐故也。寡君之忧不唯郑"①。齐国不会晋国是有准备的，不但齐国不至，齐国的附庸之国皆不至，这才是晋国应该担心之处，齐国已经逐渐走向了晋国的对立面。齐国对中原霸主晋国的消极态度直接或间接地影响到了晋国的附属之国，加之先前因汶阳之田造成的诸侯对晋国的不满，诸侯对晋国之事皆表现出消极的态度，所以鲁襄公九年（公元前 564 年）的诸侯伐郑之役、鲁襄公十四年（公元前 559 年）的伐秦之役，诸侯皆不欲战，消极以对。以上诸侯对晋国的如此态度，证明了晋国已无力统帅诸侯，抑或是说诸侯不愿再听从晋国的调遣，这是对晋国霸权的极大削弱，晋国的霸主地位同样受到了前所未有的挑战。

### 三、齐国复兴，挑战晋国

前文言道，晋国的霸权受到诸侯的质疑，霸主地位受到挑战。反观此时的齐国，无论是政治地位还是国家实力，都表现出了复兴的势头。势力不断壮大的齐国在春秋中期实现了短暂的崛起，逐渐向晋国发起了挑战。

齐国挑战晋国的底气始源于周灵王对齐灵公的赐命。鲁襄公十四年（公元前 559 年），周灵王派遣刘定公前往齐国赐命于齐灵公。

王使刘定公赐齐侯命，曰："昔伯舅大公，右我先王，股肱周室，师保万民，世胙大师，以表东海。王室之不坏，繄伯舅是赖。今余命女环！兹率舅氏之典，篡乃祖考，无忝乃旧。敬之哉，无废朕命！"②

周王肯定、褒奖了齐国先祖对周室及周朝子民的重要贡献，齐国世承王室太师之职，统治东方以屏藩周室。如今，周王再次赐命于齐国，意欲使齐勿忘

---

① 杨伯峻. 春秋左传注 [M]. 北京：中华书局，2009：923.

② 杨伯峻. 春秋左传注 [M]. 北京：中华书局，2009：1018-1019.

世袭宗法典章、勿忘传承辅周之大业，不废周室之朝命。齐国只有具备了强大的国力才能有保辅周王室的能力，所以说，周王的赐命是对齐国实力及地位的极大肯定。在晋楚两大强国为争夺霸权疲于奔命而致使其势力衰弱之际，周王的赐命更是加强的齐国在诸侯中的地位和影响力，极大地激励了齐国的自信心，使齐国有了挑战晋国的勇气和底气。

齐国率先发难，因晋卿范宣子借羽旄不归，齐国决心与晋国决裂，"范宣子假羽毛于齐而弗归，齐人始贰"①。因鲁国为晋国同盟的关系，齐国先从鲁国下手，出兵伐鲁，"齐侯伐我北鄙，围成，贰于晋故也"②。齐国此举无疑是将其对抗晋国的决心公开化。晋国虽衰，但霸主之名犹在，针对齐国挑衅针锋相对地予以还击，鲁襄公十六年（公元前557年），晋国在诸侯溴梁之会中，因邾宣公、莒犁比公私通齐楚之使而将其逮捕；并且在随后的诸侯宴会中，强迫诸侯大夫与齐高厚盟誓，种种举措激化了齐国与晋国之间的矛盾。齐国为报复，在后来3年内多次围攻讨伐鲁国，鲁国难堪其讨向晋国求救，于是晋国率诸侯之师伐齐，最终爆发了齐晋平阴之役。齐军节节败退，晋军一路高歌直指临淄都城，最终以齐国的全面溃败而结束。

齐国溃败不得不向晋国请和，第二年，齐晋在大隧之地会盟，"齐及晋平，盟于大隧。故穆叔会范宣子于柯。穆叔见叔向，赋《载驰》之四章。叔向曰：'肸敢不承命。'穆叔曰：'齐犹未也，不可以不惧'"③。但从晋叔向与鲁穆叔之间的对话中，我们可以断定，齐国虽与晋国请和，但未必是真心诚服。"肸敢不承命"一句表明叔向明了齐未肯以此会盟而服，故答应鲁国若齐国再犯则定前往相救，穆叔则表达得更为直接，"齐犹未也，不可以不惧"。况且，晋国

① 杨伯峻.春秋左传注 [M].北京：中华书局，2009：1019.

② 杨伯峻.春秋左传注 [M].北京：中华书局，2009：1023.

③ 杨伯峻.春秋左传注 [M].北京：中华书局，2009：1051.

发动这场战役目的是为了惩罚齐国对晋国的不忠及对晋国同盟的侵伐，其实对齐国军事实力未造成致命创伤。① 总之，齐国仍有心气与实力再次向晋国发起挑战。

齐庄公即位后，晋国发生了内乱，这就为齐国提供了一次绝佳的机会。栾盈为晋国公族大夫，好施与人，士多归之，在晋国颇得人心。栾盈之母栾祁"与其老州宾通，几亡室矣，怀子患之，栾祁惧其讨也"②，便向当政的范宣子诬告栾盈图谋不轨。因先前栾氏与范氏有颇有嫌隙，范宣子便将栾盈逐出晋国，并诛杀栾盈之党。为此，晋国先后召集诸侯进行了两次会盟，商任之会与沙随之会，两次会盟的主要目的就是要禁锢栾氏，使诸侯不得受之。而栾盈逃奔齐国，齐庄公不仅将其接纳，还一众接纳了逃离晋国的栾氏同党。齐庄公违背会盟盟约而强行包庇栾盈及栾氏之党，明显是与晋国为敌。不仅如此，齐国还趁机将栾盈及其同党送回晋国，"晋将嫁女于吴，齐侯使析归父媵之。以藩载栾盈及其士，纳诸曲沃"③，齐国的意图十分明显，以期栾氏能造成晋国的内乱。果不其然，鲁襄公二十三年（公元前550年），栾氏在晋国发动叛乱，齐国抓住了这次时机，齐庄公挥师伐晋，以报临淄之辱，"齐侯遂伐晋，取朝歌。以报平阴之役，乃还"④。齐庄公伐晋凯旋归途，攻袭莒国，迫使其请盟求和。

齐国虽取得了伐晋的胜利，但又很害怕晋国的报复，于是向楚国请求援助，"齐侯既伐晋而惧，将欲见楚子。楚子使薳启疆如齐聘，且请期"⑤。此时楚国在与晋国的霸权争夺中处于劣势，意图拉拢齐国来增强对抗晋国的筹码。

①　王阁森，唐致卿. 齐国史 [M]. 济南：山东人民出版社，1992：234.

②　杨伯峻. 春秋左传注 [M]. 北京：中华书局，2009：1058.

③　杨伯峻. 春秋左传注 [M]. 北京：中华书局，2009：1073.

④　杨伯峻. 春秋左传注 [M]. 北京：中华书局，2009：1077-1078.

⑤　杨伯峻. 春秋左传注 [M]. 北京：中华书局，2009：1090-1091.

于是，楚国派薳启强聘于齐，并应允与齐国会盟。同年秋，齐国闻将有晋师来伐，立即派陈文子如楚请师。楚国声东击西，攻伐晋国同盟郑国以救齐国。楚国此番救齐无疑拉近了与齐国的关系。

晋国镇压了国内的栾氏之乱，肃清了栾氏余党，决心要惩戒齐国。鲁襄公二十五年（公元前548年），晋国会诸侯于夷仪，讨伐齐国。

> 晋侯济自泮，会于夷仪，伐齐，以报朝歌之役。齐人以庄公说，使隰鉏请成。庆封如师，男女以班。赂晋侯以宗器、乐器。晋侯许之，使叔向告于诸侯。①
>
> 秋七月己巳，同盟于重丘，齐成故也。②

面对来势汹汹的晋国联军，齐国乱了阵脚，将所有罪责推卸到齐庄公身上，杀了庄公以向晋国解释；并派隰鉏、庆封以重礼贿赂晋国，向晋国求和，男女以班以示降服。同年秋，诸侯会盟于重丘，齐国与晋国和解，并顺服于晋国。重丘之盟实际上标志着齐国挑战晋国霸权的完全失败。

晋楚蒙门弭兵，使晋楚两国长时间的武力对抗暂告结束，中原地区基本恢复了和平的状态，齐晋两国也由对抗走向缓和，保持稳定的对外关系，维持了两国长达四十多年的和平。而在此以后，齐国国内政局历经动荡，先有崔庆乱政，后有栾高氏弄权，内部斗争严重消耗了齐国的国力，所以，齐国在对外关系政策上需采取更为谨慎的策略，面对晋楚这两大强国霸主，齐国既不能与楚国长期联盟而对抗晋国，又不能与晋国过于亲密而忽视楚国，这样，齐国经常要在晋楚之间维持一种若即若离的关系，③斡旋于两大国之间，平衡齐国在其中的利益关系。

---

① 杨伯峻．春秋左传注 [M]．北京：中华书局，2009：1101.

② 杨伯峻．春秋左传注 [M]．北京：中华书局，2009：1103.

③ 王阁森，唐致卿．齐国史 [M]．济南：山东人民出版社，1992：234.

### 四、晋楚行衰，齐国复霸

晋楚弭兵之后，晋楚两国之间的武力对抗暂告结束，虽然和平的局势初步稳定，但两国都面临着内忧外患的严峻形势，楚国连年的战争给国内造成了极大地困顿，呈现国衰民乏的萧条景象，而日益强盛的吴国更是悬在楚国头上的一把利剑，时刻威胁着楚国的安危；晋国国内随着公室的日趋没落，权力逐渐下移，而晋国政出多门，韩、赵、魏、范、中行、知等权卿大族为争夺权力而展开激烈内斗，不仅严重消耗了晋国的实力，更甚是因此威胁到了晋国的霸业。

晋国在景公、厉公、悼公时期积极开展复霸运动，在与楚国的争霸斗争中一直占据优势，但自悼公后，晋国霸业复衰，霸主之位也不断受到质疑和挑战。晋平公时，为表一己之孝心，便以霸主之名大兴诸侯之师为其家母修建杞城；齐晋联姻平公娶少姜，齐陈无宇送女，平公却以陈无宇不是上卿为由将其逮捕囚禁；不久少姜卒，平公为少姜大办丧事，使各国诸侯奔走辛劳；晋平公修建虒祁之城，极尽奢华之能事，诸侯往晋朝而观之，对晋国此举十分不满进而产生叛离之心，平公不为此而收敛，反而采取了叔向的举措，以强硬的姿态对诸侯实行高压举措。《左传·昭公三年》记载："叔向曰：'诸侯不可以不示威。'七月丙寅，治兵于邾南，甲车四千乘，羊舌鲋摄司马，遂合诸侯于平丘；叔向曰：'诸侯有间矣，不可以不示众。'八月辛未，治兵，建而不旆。壬申，复旆之。诸侯畏之。"[1]晋国以武力高压的强硬举措不但不会使诸侯屈服反而会加速诸侯的叛逆，失去诸侯的拥戴。

鲁定公四年，即公元前506年，这一年晋国和楚国遭受了严重的打击，而对齐国来说是至关重要的一年。晋合诸侯于召陵之地，谋划伐楚救蔡事宜。晋国权卿荀寅借机向向蔡侯索贿，结果遭到了蔡侯的拒绝，荀寅索贿不成而一气

---

① 杨伯峻.春秋左传注[M].北京：中华书局，2009：1353-1357.

拒绝了蔡侯伐楚的请求，这件事给诸侯造成了很大的负面阴影；其后晋国又假借郑国的羽旄，未在郑国的允许之下将其装饰在晋国的旗杆之首，这些都将会对晋国的霸主地位在成严重的冲击，晋国将失去诸侯，"晋于是乎失诸侯"①。而反观楚国，正遭受着吴国的战争威胁。同年冬，吴国攻伐楚国，直捣楚国都成郢都，楚昭王逃难随国，后楚国向秦国求救，在秦国的援助之下又大败吴国，造成了吴楚俱伤的局面。总而括之，晋国失去诸侯拥护、楚国因战争遭受重创的春秋形势为齐国的发展、壮大提供了天赐良机，齐国抓住机遇，齐景公积极开展复霸运动。

齐国首先争取诸侯以扩张自己的势力，积极拉拢诸侯国与其结盟。齐国首先选择其近邻——鲁国作为突破点，先前鲁国一直顺服于晋国，若齐与晋国争霸而起战事，鲁国将是齐国后方的致命威胁，所以齐国定要将鲁国拉拢过来，消除齐对抗晋国的后顾之忧。鲁定公七年（公元前503年），齐国归还了鲁国的郓、阳关之地，试探性地诱使鲁国归服。见鲁国不为所动，齐国转而采取了强硬的武力方式迫使鲁国屈服，多次出师侵伐鲁国，鲁国反而向晋国求救，这样只能适得其反，非但不能拉拢鲁国反而加深了齐鲁之间的嫌隙。但是之后鲁国发生的阳虎之乱为齐国提供了机会。鲁定公五年（公元前505年），鲁国季氏宰阳虎发动夺权之叛乱，最后失败而奔齐。鲁国因忙于应对阳虎叛乱造成的鲁国内乱而无暇事晋，造成晋鲁关系在一定程度上的疏远。而齐国则积极向鲁国示好，鲁定公十年（公元前500年），出逃齐国的阳虎为报复鲁国，向齐国建议攻鲁，齐国在权衡利弊之后没有接受阳虎攻鲁的计划，这实际上是帮助鲁国平定了叛乱，齐鲁关系和解，②"十年春，（鲁）及齐平"③。同年夏，齐国与鲁

---

① 杨伯峻.春秋左传注 [M].北京：中华书局，2009：1534.

② 王阁森，唐致卿.齐国史 [M].济南：山东人民出版社，1992：236.

③ 杨伯峻.春秋左传注 [M].北京：中华书局，2009：1577.

国在夹谷之地会盟。

> 公会齐侯于祝其，实夹谷。将盟，齐人加于载书曰："齐师出竟，而不以甲车三百乘从我者，有如此盟。"孔丘使兹无还揖对曰："而不反我汶阳之田，吾以共命者，亦如之。"齐侯将享公。[①]

齐鲁两国在会盟前订盟书时，齐国要求鲁国作为齐国的同盟必须出 300 乘军队协助齐国作战，而此时正值孔子相鲁，针锋相对地提出要以齐国归还被侵占的土地作为条件。齐国权衡利弊之后，在会盟之后，归还了先前侵占的鲁国的郓、欢、龟阴之田，这就加速了鲁国弃晋联齐的步伐。同年，鲁武叔（叔孙州仇）聘于齐时曾言："所以事君，封疆社稷是以。"[②]就表明了鲁国为了国家社稷的安危而侍奉齐国，即是说，齐鲁达成同盟，鲁已顺服于齐。除此之外，齐国也积极拉拢郑国、卫国，与其结成同盟，"齐侯、郑伯盟于咸，征会于卫。卫侯欲叛晋，诸大夫不可。使北宫结如齐，而私于齐侯曰：'执结以侵我。'齐侯从之，乃盟于琐"[③]。可以说，齐国在争取鲁、郑、卫为同盟的过程是相当成功的。

齐国在积极扩张的过程中，不断的向晋国挑衅。鲁定公九年（公元前 501 年），齐国率先发动侵晋战争，攻打晋国夷仪之地，虽先胜后败，但证明了齐国具有了与晋国一争长短的实力。鲁定公十三年（公元前 497 年），齐国与卫国联合出师攻伐晋国。不久，晋国国内因范氏、中行氏叛乱而发生内乱，齐国利用这次机会，会盟鲁国与卫国于脾、上梁之间，谋划救取范氏、中行氏。齐国此举意在干预晋国内部事务，通过支持范氏、中行氏以加剧晋国内乱的程度，借此削弱晋国的实力，已达到齐战胜晋国进而复霸春秋的最终目的。鲁

---

① 杨伯峻. 春秋左传注 [M]. 北京：中华书局，2009：1578–1578.

② 杨伯峻. 春秋左传注 [M]. 北京：中华书局，2009：1583.

③ 杨伯峻. 春秋左传注 [M]. 北京：中华书局，2009：1561.

哀公元年（公元前 494 年），齐国及鲁国、卫国、鲜虞组成联军为救范氏而共同伐晋，夺取了晋国棘蒲之地。其后鲁哀公四年（公元前 491 年），齐卫联军为救范氏再伐晋国，围攻晋国五鹿，之后齐国国夏帅军攻打晋国，接连夺取邢、任、栾、鄗、逆畤、阴人、盂、壶口等城邑，并与鲜虞会师，将晋人荀寅安置在柏人之地。齐国在与晋国的争霸对抗中占据上风，至此，齐国的复霸运动达到了高潮。

齐景公是齐国复霸运动的中心，也是维持齐国复霸的关键，但是，随着景公的去世及齐国因君位继承而发生的内乱，齐国政局不稳，实力衰落，这些为齐国复霸的形势蒙上了一层阴影。而南方的吴国逐渐强盛，趁齐国内乱之际，北上欲争夺霸权，给齐国造成了严重的威胁。而此时，齐悼公之所为又为吴国落下口实，鲁哀公八年（公元前 487 年）齐国因与鲁国联姻被骗而请吴师伐鲁，后鲁女得宠使齐鲁关系和好，齐国又辞师于吴。齐国请师而又无故退师使吴国大怒，吴侯扬言报复齐国，"昔岁寡人闻命。今又革之，不知所从，将进受命于君"①。果不其然，吴国一方面派兵会同鲁师伐齐，另一方面派大夫徐承从海上攻齐，齐国将其打败。晋国趁着齐国与吴国的战事，派兵伐齐，夺取了犁及辕两地，并毁坏了高唐城。先前吴国被齐国打败心有不甘，于鲁哀公十一年（公元前 484 年）会鲁国之师再次伐齐，吴鲁联军在艾陵大战中大败齐师，齐师统帅国书、公孙夏、闾丘明、陈书、东郭书等 5 人被俘虏，齐国损失惨重，军事实力大为削弱。这一战也宣告了齐国苦心经营的复霸运动最终以失败而告终。

齐国对外关系政策的失败同时也伴随着齐国内政的变革。姜齐政权日趋衰落，逐渐被田齐政权所取代，齐国在田氏的统治之下进入了新的篇章。

---

① 杨伯峻. 春秋左传注 [M]. 北京：中华书局，2009：1652.

## 第二节　外归其义的对外关系政策

春秋中后期的齐国在经历了一系列的内乱和外战之后，迫切地需要一个和平的外部环境，而齐国所推行的外归其义的对外关系政策，既要与诸侯和睦相处，以礼相待，广施德义，努力在乱世之中为齐国争取和平稳定的发展环境，又要树立齐国的大国威严，在诸侯列强中掌握主动话语权，这是在明晰了国内外的形势而实行的符合齐国国情的对外关系方针政策。此对外关系政策主要是实施于晏婴辅政的齐景公时期。对外关系政策用于指导对外关系实践，成功的对外关系实践需要有出色的外交人才，而晏婴就是这样的外交人才，从晏婴的对外关系实践来看，外归其义的对外关系政策是十分切合齐国实际的，并取得了显著的对外关系成就。具体来说，齐国外归其义的对外关系政策主要表现在以下方面：诸侯相交礼为先，国内待使折冲樽俎，出使强国不辱使命。

### 一、诸侯相交礼为先

春秋后期，虽已礼坏乐崩，但礼的约束力依然存在于诸侯之间的对外关系之中，齐国的对外关系政策将礼仪付诸于对外关系实践，晏婴奉行"诸侯相交礼为先"的对外关系原则，为齐国在春秋晚期的诸国对外关系中赢得尊重和荣耀。《晏子春秋》中《内篇杂下·楚王飨晏子进橘置削晏子不剖而食》篇所记载的晏子使吴则足以证明：

> 景公使晏子于楚，楚王进橘，置削，晏子不剖而并食之。楚王曰："橘当去剖。"晏婴对曰："臣闻之，赐人主之前者，瓜桃不削，橘柚不剖。

今者万乘之主无教令，臣故不敢剖；不然，臣非不知也。"①

齐景公派晏婴出使楚国，晏子觐见楚王，楚王宴请晏子时进橘并置刀以削食之，晏婴没有削皮而是一并吃下去了。楚王对此不以为然，建议晏子应当用刀削皮之后再食用。晏婴以礼相驳道，在得到君王的赏赐，在未得恩准时，瓜桃食不能削，橘柚食不能剖。现楚王没有恩准，所以我就连同橘皮一起吃掉了。若不按照此等礼节，我当知削皮而食。于自己，晏婴以身示礼，用符合礼仪的言行举止向楚王及楚人展示了齐人乃知礼行礼之人；于齐国，晏婴作为外交使臣，一举一动都代表着齐国的形象，出使楚国处处尊礼行礼着实展现了齐国作为礼仪之邦的大国风范，所谓诸侯相交礼为先，这契合齐国外归其义的对外关系政策。

## 二、国内待使，折冲樽俎

折冲樽俎，吴则虞解释道："樽俎，樽盛酒，俎盛肉，借指宴会、筵席；折冲之意，犹言挫败敌人的冲锋士气进而打败敌军。"②折冲樽俎即指在酒席宴会之间展开对外关系斗争而制敌取胜。这在晏婴与齐国太师智退晋国兵伐的对外关系斗争中尤为明显。《晏子春秋》中《内篇杂上·晋欲攻齐使人往观晏子以礼侍而折其谋》篇记载，晋国想要伐齐而不知齐国具体情况，故先派遣使者来齐刺探虚实。

> 晋平公欲伐齐，使范昭往观焉。景公觞之，饮酒酣，范昭起曰："请君之弃樽。"公曰："酌寡人之樽，进之于客。"范昭已饮，晏子曰："彻樽，更之。"樽觯具矣，范昭伴醉，不说而起舞，谓太师曰："能为我调成周之乐乎？吾为子舞之。"太师曰："冥臣不习。"范昭趋而出。景公

---

① 张纯一撰，梁运华点校. 晏子春秋校注 [M]. 北京：中华书局，2014：292.

② 宫芳. 先秦齐国的国家管理思想与实践 [J]. 东北财经大学博士学位论文，2010.

谓晏子曰："晋，大国也，使人来将观吾政，今子怒大国之使者，将奈何？"晏子曰："夫范昭之为人也，非陋而不知礼也，且欲试吾君臣，故绝之也。"景公谓太师曰："子何以不为客调成周之乐乎？"太师对曰："夫成周之乐，天子之乐也，调之，必人主舞之。今范昭人臣，欲舞天子之乐，臣故不为也。"范昭归，以报平公曰："齐未可伐也。臣欲试其君，而晏子识之；臣欲犯其礼，而太师知之。"于是辍伐齐谋。①

景公以礼宴会晋使范昭，饮酒尽兴，范昭故意挑衅试探，无礼要求用景公之罇饮酒，景公不知范昭之意而应之，而晏婴识破其阴谋，立即撤换范昭的酒罇，更换上符合范昭身份等级的酒罇，以礼之道维护了齐景公作为国君的威严。而后，范昭佯醉而起舞，要求太师为其调天子多用之配乐，太师以不习之由拒绝了范昭。景公疑惑，晏婴解释道，范昭并不是粗陋浅鄙而不知礼节之人，其所为是想要探查齐国君臣之间的关系如何；太师亦解释道，成周之乐乃是天子之乐，必将是景公舞之，而范昭为人臣欲舞天子之乐，其意图是想探查齐国的礼乐制度如何。晏婴与太师的强硬外交使范昭认清了齐国君臣的团结及礼治的稳固，既打消了晋国攻伐齐国的阴谋，使齐国避免了一场战争，同时又维护了齐国的尊严。从晏婴及太师回答景公的话中，我们就可以看出齐国此时所实行了对外关系政策，正如孔子对此的评价，"善哉。不出樽俎之间，而折冲于千里之外，晏子之谓也，而太师其与焉"②。

### 三、出使强国，不辱使命

晏婴作为出色的外交家，时刻肩负着齐国的外交使命，而使吴、使楚的史事则是晏婴出使不辱使命的光辉篇章。春秋晚期的吴国以及楚国在国势方面一

---

① 张纯一撰，梁运华点校.晏子春秋校注 [M].北京：中华书局，2014：246-248.

② 张纯一撰，梁运华点校.晏子春秋校注 [M].北京：中华书局，2014：248.

度优于齐国，于是吴王、楚王欲借外交的途径通过侮辱晏婴进而达到羞辱齐国的目的。而晏婴在出使吴、楚过程中，凭借自己的外交才华，不辱使命，既能维护自己的人格及齐国的威严，同时又能赢得对外关系斗争的胜利。

**（一）出使吴国**

《晏子春秋》中《内篇杂下·晏子使吴吴王命宾者称天子晏子详惑》篇记载了晏婴出使吴国时的外交表现：

> 晏子使吴，吴王谓行人曰："吾闻晏婴，盖北方辩于辞、习于礼者也。命宾者曰：客见则称天子请见。"晏子有事，行人曰："天子请见。"晏子蹴然。行人又曰："天子请见。"晏子蹴然。又曰："天子请见。"晏子蹴然者三，曰："臣受命敝邑之君，将使于吴王之所，以不敏而迷惑，入于天子之朝，敢问吴王恶乎存？"然后吴王曰："夫差请见。"见之以诸侯之礼。①

晏婴出使吴国使，吴王对左右说晏子是善于辞辩而重视礼仪之人，于是命令宾着宣晏子是时称天子请见。晏子觐见吴王时，行人称天子请见着三次，晏婴皆面露惊讶之色，并疑惑自己是不是走错了地方误入天子之朝。晏婴意为吴国作为诸侯不得称天子，若称天子，则吴王何在，吴国是否已纳入周室的版图之中而不复存在乎？晏婴作为宾客不变明斥吴王之过，而是自称迷惑实是指吴王迷惑。吴王见之不敌晏子，遂以诸侯之礼接待晏婴。这就从方面证明了晏婴乃真长于辞辩，既不辱齐国之使命又不使吴国太过难堪，晏婴将齐国的外交展现地淋漓尽致，赢得了这次对外关系斗争的胜利。

**（二）出使楚国**

《晏子春秋》在内篇杂下中记载了晏婴出访楚国时与楚人斗智斗勇而不落

---

① 张纯一撰，梁运华点校.晏子春秋校注 [M].北京：中华书局，2014：286-287.

下风的外交成就。晏婴终以其外交的胜利不仅不辱使命完成外交使命，更是助长了齐国国威。《晏子春秋》中《内篇杂下·晏子使楚楚为小门晏子称使狗国者入狗门》篇记载：

> 晏子使楚，楚人以晏子短，为小门于大门之侧而延晏子。晏子不入，曰："使狗国者，从狗门入；今臣使楚，不当从此门入。"傧者更道从大门入。见楚王，王曰："齐无人耶？使子为使？"晏子对曰："临淄三百闾，张袂成荫，挥汗成雨，比肩继踵而在，何为无人？"王曰："然则子何为使乎？"晏子对曰："齐命使，各有所主，其贤者使使贤王，不贤使使不肖王。婴最不肖，故直使楚矣。"①

晏婴出使楚国，楚人因其矮小，便在正门旁边专门做了一个小门来迎接晏子，欲借此来羞辱晏婴，并贬鄙齐国无人才。而晏婴不卑不亢，坚决不从小门入，并机敏地反讽道，只有出使狗国才从狗门入，我现在出使楚国，难道要从狗门入吗？楚国无言而让晏子从正门入觐见楚王。楚王再次以齐国无人而以子出使为由对晏婴及齐国进行讽刺，晏婴义正言辞严，针锋相对地回答，齐国任命使臣，是根据所出使国家的贤屑程度来决定的。有德才的贤者会出使有德有才的诸侯，无德无才的使臣就被派到无德无才的诸侯。而晏婴最无德才，所以只能出使楚国了。晏婴的外交辞令缜密而又有针对性，不仅没有使齐国受辱反而让楚国败下阵来。

《晏子春秋》中《内篇杂下·楚王欲辱晏子指盗者为齐人晏子对以橘》篇记载：

> 晏子将使楚，楚王闻之，谓左右曰："晏婴，齐之习辞者也，今方来，吾欲辱之，何以也？"左右对曰："谓其来也，臣请缚一人，过王而行，

---

① 张纯一撰，梁运华点校. 晏子春秋校注 [M]. 北京：中华书局，2014：287–289.

王曰：何谓者也？对曰：齐人也。王曰：何坐？曰：坐盗。"晏子至，楚王赐晏子酒，酒酣，吏二缚一人诣王，王曰："缚者何为者也？"对曰："齐人也，坐盗。"王视晏子曰："齐人固善盗乎？"晏子避席对曰："婴闻之，橘生淮南则为橘，生于淮北则为枳，叶徒相似，其实味不同。所以然者何？水土异也。今民生长于齐不盗，入楚则盗，得无楚之水土使民善盗耶？"王笑曰："圣人非所与熙也，寡人反取病焉 。"[1]

晏婴将再次出使楚国，楚王为羞辱晏子而寻求计策，左右之人言之，当晏子来时，压上一名犯人，移花接木，谓之齐人并坐以其偷盗的罪名将其羞辱。晏子至楚觐见楚王，楚王赐酒之后按先前谋划将犯人压上来，并借机质问晏婴。晏婴当即识破楚王的诡计，运用强硬的外交辞令而又不失礼仪地予以回击，晏婴用橘生南为橘而生北为枳的类比说辞，指出两者的差异是因为水土的原因。正如此犯人在齐国不偷盗而到了楚国就成了盗贼，也是因为齐国社会风气不会使人偷盗而楚国的水土则能使人养成偷盗的习惯。面对晏婴的外交答复，楚王也只能用尴尬一笑来收场，并感叹道："圣人是不可以戏弄的，其结果只能是自取其辱罢了。"楚王的自取其辱恰恰是齐国对外关系胜利的最大佐证，这不仅维护了齐国的威严，而且奠定了齐国在春秋社会的重要地位。

---

① 张纯一撰，梁运华点校．晏子春秋校注 [M]．北京：中华书局，2014：289-291.

# 结　语

　　春秋时期，是大动荡的混乱时期亦是大变革的发展过渡时期，西周的统治秩序逐渐瓦解，周王室逐渐走向衰落；而与之相伴随的是，诸侯国随着实力的膨胀逐渐崛起，逐步走向了独立发展的道路。身处春秋乱世的齐国，由大国发展至强国，再到成就春秋霸业，而霸权衰微之后又能稳固自己的大国地位，在这一跌宕起伏的历史进程中我们不难看出，齐国的统治者根据春秋社会的发展形势并结合齐国自身的实际所推行的对外关系政策在其中发挥了至关重要的作用，对外关系政策与齐国内政、经济、文化等相互渗透、相互作用、相互影响，共同推进了齐国历史的文明进程。

　　春秋时期齐国对外关系政策的产生、发展及实施推行都有其深刻的历史背景，总的来说，涵盖了两方面的内容。首先是风云变幻的春秋大形势，周室衰而礼乐废，王权衰落，但仍保有形式上的天下共主；蛮夷戎狄等外族侵袭，威胁诸侯，扰乱中原；诸侯不断崛起，齐、晋、楚霸权迭兴；春秋后期中原弭兵暂时平息了中原霸权的争夺，诸侯内公室衰微，政权逐渐下移；这些都是齐国制定对外关系政策所必须要考虑的外部因素。其次是兴衰变迁的齐国内政环境，春秋初庄、僖小霸，而后桓公成为春秋五霸之首，齐国达到全盛；桓公后齐国政局跌宕起伏，公室因多次内乱而走向衰亡，最终由陈氏取代；同时不可否认，齐国始终以大国的姿态存在于春秋历史舞台；这同样也是齐国制定对外关系政策所要认真考虑的内部因素。

春秋初期，社会形势较西周已经发生了根本性的变化，齐国统治者需要采取灵活且具有针对性的对外关系政策加以应对，一方面，尊王攘夷、遵循周礼；另一方面，睦邻亲邻，与人为善，以此形成睦邻友好的对外关系局面，创造一个和平、稳定的外部环境来促进齐国的发展壮大。之后，随着经济、军事实力的不断增强，齐国愈发重视武力征伐的军事对外关系策略在对外关系实践中的重要作用。这些对外关系政策和对外关系实践的核心目的就是为了铺就齐国的强国之路。

齐国霸业时期，齐国统治者所采取的对外关系政策远比初期时的复杂多变，需要适应春秋形势以及争夺春秋霸权的形势，发展形成切合齐国霸业实际的对外关系政策，在遵循周礼的基础上主动维护周礼，内尊周王以图霸业；在睦邻亲邻的基础上主动安定邻国，积极外攘戎狄以安中原；并将武力征伐的对象扩大到对齐国乃至对周王室不敬不盟的诸侯；而此阶段最重要的对外关系政策就是推行霸权外交，奉天子以令诸侯，形成以齐为首的诸侯联盟，重塑春秋新秩序。以此对外关系政策为指导，通过朝聘、联姻、会盟、军事等多种对外关系形式，开展深入而全面的对外关系实践，充分彰显了齐国的霸业。

春秋中后期，齐国统治者审时度势，一方面，斡旋于晋楚之间的平衡对外关系政策，根据晋、楚之间形势的动态发展而采取不同对外关系策略，斡旋于两大国之间，平衡齐国在其中的利益关系，在晋楚争霸中占据先机；另一方面，外归其义的对外关系政策，既要和睦于诸侯，在乱世之中为齐国争取和平稳定的发展环境，又要树立齐国的大国威严，在诸侯列强中掌握主动话语权。对外关系政策的推行与内政改革的双行并轨，使齐国在春秋中后期一直保有大国的地位。

透过对春秋时期齐国历史发展中三个不同阶段所采取的对外关系政策的分析与阐释，使我们在整体上对齐国的对外关系历史有了全面的把握，并借此清晰了对外关系政策在齐国春秋历史发展进程中的重要作用。春秋时期齐国对外关系政策及其折射出的深层智慧，古为今用，对现代社会的对外关系发展具有很大的参考价值和借鉴意义。

# 参考文献

## 一、著　作

[1]（汉）司马迁. 史记 [M]. 北京：中华书局，2009.

[2]（汉）刘向. 列女传 [M]. 哈尔滨：哈尔滨出版社，2009.

[3]（汉）郑玄注，（唐）贾公彦疏，（清）阮元校刻. 仪礼注疏 [M]. 北京：北京大学
出版社，1999.

[4]（汉）郑玄注，（唐）贾公彦疏，（清）阮元校刻. 周礼注疏 [M]. 北京：北京大学
出版社，1999.

[5]（汉）班固. 汉书·地理志 [M]. 北京：中华书局，1974.

[6]（汉）何休注，（唐）许彦疏，（清）阮元校刻. 春秋公羊传注疏 [M]. 北京：中
华书局，1980.

[7]（晋）范宁注，（唐）杨士勋疏，（清）阮元校刻. 春秋穀梁传注疏 [M]. 北京：中
华书局，1980.

[8]（晋）杜预. 春秋经传集解 [M]. 上海：上海古籍出版社，1978.

[9]（晋）杜预注，（唐）孔颖达正义，（清）阮元校刻. 春秋左传正义 [M]. 北京：
北京大学出版社，1999.

[10] （清）顾炎武著，黄汝成、栾保群集释．日知录集释 [M].上海：上海古籍出版社，2013.

[11]（清）顾栋高．春秋大事表 [M].北京：中华书局，1993.

[12]（清）高士奇．左传纪事本末 [M].北京：中华书局，1979.

[13]（清）孙星衍著．陈抗、盛冬铃校．尚书今古文注疏 [M].北京：中华书局，2004.

[14]（清）焦循、沈钦韩撰．曾义、郭晓东主编.春秋左传补疏·春秋左氏传补注 [M].上海：上海古籍出版社，2016.

[15] 杨伯峻．春秋左传注 [M].北京：中华书局，2009.

[16] 杨伯峻．论语译注 [M].北京：中华书局，2009.

[17] 杨伯峻．孟子译注 [M].北京：中华书局，1960.

[18] 程俊英．诗经译注 [M].上海：上海古籍出版社，2012.

[19] 杨天宇．礼记译注（上）[M].上海：上海古籍出版社，2004.

[20] 杨天宇．礼记译注（下）[M].上海：上海古籍出版社，2004.

[21] 徐元诰．国语集解 [M].北京：中华书局，2002.

[22] 张觉．韩非子译注 [M].上海：上海古籍出版社，2007.

[23] 黎翔凤撰，梁运华整理.管子校注 [M].北京：中华书局，2004.

[24] 戴望．管子校正 [M].北京：中华书局，1954.

[25] 张纯一撰，梁运华点校.晏子春秋校注 [M].北京：中华书局，2014.

[26] 吴则虞．晏子春秋集释 [M].北京：中华书局，1962.

[27] 童书业．春秋史 [M].上海：上海古籍出版社，2010.

[28] 童书业．春秋左传研究 [M].上海：上海人民出版社，1980.

[29] 范祥雍．战国策笺证 [M].上海：上海古籍出版社，2006.

[30] 刘泽华．先秦礼论初探 [M].北京：学苑出版社，1998.

[31] 叶自成．春秋战国时期的中国外交思想 [M].香港：香港社会科学出版社，

2003.

[32] 晁福林 . 霸权迭兴—春秋霸主论 [M]. 北京：三联书店，1992.

[33] 晁福林著，何兹全主编 . 春秋战国的社会变迁 [M]. 北京：商务印书馆，2011.

[34] 沈长云 . 先秦史 [M]. 北京：人民出版社，2006.

[35] 何曜，任晓 . 均势理论反思 [M]. 上海：上海人民出版社，1998.

[36] 谢维扬 . 中国早期国家 [M]. 杭州：浙江人民出版社，1995.

[37] 周振鹤 . 中国行政区划通史（先秦卷）[M]. 上海：复旦大学出版社，2009.

[38] 刘泽华 . 中国政治思想史集（先秦卷）[M]. 北京：人民出版社，2008.

[39] 胡寄窗 . 中国经济思想史（上）[M]. 上海：上海人民出版社，1998.

[40] 杨向奎 . 宗周社会与礼乐文明 [M]. 北京：人民出版社，1997.

[41] 范文澜 . 中国通史简编 [M]. 北京：商务印书馆，2010.

[42] 方朝辉 . 春秋左传人物谱 [M]. 济南：齐鲁书社，2001.

[43] 顾德融，朱顺龙 . 春秋史 [M]. 上海：上海人民出版社，2003.

[44] 王阁森，唐致卿 . 齐国史 [M]. 济南：山东人民出版社，1992.

[45] 张杰等 . 齐国兴衰论 [M]. 青岛：中国海洋大学出版社，2007.

[46] 于孔宝 . 管子与齐文化 [M]. 北京：北京经济学院出版社，1990.

[47] 中共中央马克思恩格斯列宁斯大林著作编译局编译 . 马克思恩格斯选集 [M].
    北京：人民出版社，2012.

[48] [ 德 ] 卡尔·马克思 . 资本论 [M]. 北京：人民出版社，2004.

[49] [ 美 ] 肯尼斯·沃尔兹 . 胡少华等译 . 国际政治理论 [M]. 北京：中国人民公安
    大学出版社，1992.

[50] [ 美 ] 保罗·肯尼迪 . 蒋葆英译 . 大国的兴衰 [M]. 北京：中国经济出版社，
    1992.

## 二、学术论文

[1] 叶自成 . 中国春秋战国时期外交思想研究的几点想法——《中国外交思想史》第

一卷）序言 [J]. 国际政治研究，2001（4）.

[2] 叶自成 . 中国外交的起源——试论春秋时期周王室和诸侯国的性质 [J]. 国际政治研究，2005（1）.

[3] 徐杰令 . 论春秋邦交的时代特点 [J]. 管子学刊，2005（4）.

[4] 宣兆琦 . 齐国兴盛原因探析 [J]. 东岳论丛，1997（6）.

[5] 王彪 . 从清华简《系年》看两周之际王权与诸侯霸权之争 [J]. 江西社会科学，2014（10）.

[6] 代生 . 清华简《系年》所见齐国史事初探 [J]，烟台大学学报（哲学社会科学版），2015（1）.

[7] 宣兆琦 . 论管仲的政治改革 [J]. 淄博师专学报，1996（1）.

[8] 郑杰文 . 姜齐历次改革的成败及启示 [J]. 山东社会科学，2003（6）.

[9] 赵梦涵 . 论管仲的经济改革思想 [J]. 管子学刊，1988（1）.

[10] 李玉洁 . 论管仲改革的利弊 [J]. 史学月刊，1995（1）.

[11] 郑晓华 . 晏婴的礼治思想与春秋后期的社会变迁 [J]. 管子学刊，2009（4）.

[12] 林永光 . 晏婴治国方略刍议 [J]. 管子学刊，1998（1）.

[13] 宣兆琦，刘迎秋 . 论晏婴的政治实践 [J]. 烟台师范学院学报（哲学社会科学版），1996（1）.

[14] 邵先锋 . 论《晏子春秋》中晏婴的外交思想与实践 [J]. 管子学刊，2003（4）.

[15] 徐中舒 . 北狄在前殷文化上之贡献——论殷墟青铜器与两轮大车之由来 [J]. 中华文化论坛，2000（01）.

[16] 刘爱敏 . 春秋时期齐鲁关系变化的原因探析 [J]. 管子学刊，2005（4）.

[17] 彭华 . 齐桓公伐戎救燕及其相关问题 [J]. 黑龙江社会科学，2013（1）.

[18] 徐勇 . 先秦时代齐国参加的主要战争述略 [J]. 烟台大学学报（哲学社会科学版），1997（2）.

[19] 徐勇 . 春秋时期齐国的军事制度初探 [J]. 管子学刊，1998（3）.

## 三、学位论文

[1] 李耀.《管子》政治思想研究 [D]. 合肥：安徽大学，博士学位论文，2013.

[2] 范亚茹. 晏婴、子产外交策略比较研究 [D]. 长春：吉林大学，硕士学位论文，2009.

[3] 胡茂盛. 东周时期齐国外交研究 [D]. 济南：山东大学，硕士毕业论文，2008.

[4] 宫芳. 先秦齐国的国家管理思想与实践 [D]. 大连：东北财经大学，博士学位论文，2010.

# 附　录

《左传》所见春秋时期齐国对外关系大事年表

（注：春秋齐国对外关系年表之起止按《左传》所记起止时间。）

| 齐国纪年 | 时间<br>（公元） | 参与国家 | 对外<br>关系<br>形式 | 事　件 |
|---|---|---|---|---|
| 僖公十一年 | 前720 | 郑 | 会盟 | 齐、郑盟于石门。 |
| | | 卫 | 联姻 | 卫庄公娶齐东宫得臣之妹，曰庄姜。 |
| 僖公十四年 | 前717 | 鲁 | 会盟 | 盟于艾，始平于齐。 |
| 僖公十五年 | 前716 | 鲁 | 聘 | 齐侯使夷仲年来聘，结艾之盟。 |
| 僖公十六年 | 前715 | 宋、卫、郑 | 会盟 | 齐人平宋、卫于郑。会于温，盟于瓦屋，以释东门之役，礼也。 |
| | | 周王、郑 | 朝 | 郑伯以齐僖公朝王，礼也。 |
| | | 鲁 | 出使 | 齐侯使来告成三国。 |

| 齐国纪年 | 时间（公元） | 参与国家 | 对外关系形式 | 事　件 |
|---|---|---|---|---|
| 僖公十七年 | 前714 | 鲁 | 会盟 | 公会齐侯于防，谋伐宋也。 |
| 僖公十八年 | 前713 | 鲁、郑 | 会盟 | 会于中丘，盟于邓，为师期。 |
| | | 鲁、郑，宋 | 军事 | 羽父先会齐侯、郑伯伐宋。 |
| | | 郑，郕 | 军事 | 齐、郑入郕，讨违王命也。（以王命讨不庭） |
| 僖公十九年 | 前712 | 鲁、郑，许 | 军事 | 伐许。齐侯以许让公，不受，与郑。 |
| 僖公二十一年 | 前710 | 鲁、陈、郑、宋 | 会盟 | 会于稷，以成宋乱。 |
| 僖公二十二年 | 前709 | 鲁 | 会盟联姻 | 会于嬴，成昏于齐也。 |
| | | 鲁 | 聘 | 齐仲年来聘，致夫人。 |
| 僖公二十四年 | 前707 | 郑，纪 | 朝 | 齐侯、郑伯朝于纪，欲以袭之。纪人知之。 |
| 僖公二十五年 | 前706 | 郑、鲁，北戎 | 军事 | 北戎伐齐，郑太子忽帅师救齐。胜。诸侯戍齐，以鲁为班。 |
| | | 郑 | 联姻（×） | 齐侯欲以文姜妻郑太子忽。太子忽辞。 |
| 僖公二十六年 | 前705 | 郑、卫，盟、向 | 军事 | 郑人、齐人、卫人伐盟、向。 |
| 僖公二十九年 | 前702 | 卫、郑、鲁 | 军事 | 齐、卫、郑来战于郎，我有辞也。 |

| 齐国纪年 | 时间（公元） | 参与国家 | 对外关系形式 | 事 件 |
|---|---|---|---|---|
| 僖公三十年 | 前701 | 卫、郑、宋 | 会盟 | 诸侯盟于恶曹。 |
| 僖公三十二年 | 前699 | 郑、鲁、纪，宋、卫、燕 | 军事 | 宋多责赂于郑。郑不堪命，故以纪、鲁及齐与宋、卫、燕战。 |
| 僖公三十三年 | 前698 | 宋、蔡、卫，郑 | 军事 | 宋人以诸侯伐郑，报宋之战也。 |
| 襄公元年 | 前697 | 鲁 | 会盟 | 公会齐侯于艾，谋定许也。 |
| 襄公二年 | 前696 | 卫 | 联姻 | 卫宣公为太子急子娶于齐，因美公取之 |
| 襄公三年 | 前695 | 鲁、纪 | 会盟 | 盟于黄，平齐、纪，且谋卫故也。 |
| | | 鲁 | 军事 | 鲁及齐战于奚，疆事。 |
| 襄公四年 | 前694 | 鲁 | 出使 | 桓公与文姜使齐，文姜私通襄公，桓公死于齐。 |
| | | 卫 | 军事 | 齐侯师于首止；子亹会之，高渠弥相。齐杀子亹而轘高渠弥。 |
| 襄公五年 | 前693 | 周 | 联姻 | 筑王姬之馆于外。为外，礼也。 |
| | | 纪 | 迁邑 | （经）齐师迁纪郱、鄑、郚。 |
| | | 纪 | 军事 | 纪季以酅入于齐，纪于是乎始判。纪国分裂为二。 |
| 襄公九年 | 前689 | 鲁、宋、陈、蔡、卫 | 军事 | 诸侯伐卫，纳惠公也。 |

| 齐国纪年 | 时间（公元） | 参与国家 | 对外关系形式 | 事 件 |
|---|---|---|---|---|
| 襄公十二年 | 前686 | 鲁、郕 | 军事 | 师及齐师围郕。郕降于齐师。 |
| 桓公元年 | 前685 | 鲁 | 军事 | 乾时之战，齐胜。 |
| 桓公二年 | 前684 | 鲁 | 军事 | 长勺之战，鲁胜。 |
| | | 宋、鲁 | 军事 | 齐师、宋师次于郎，大败宋师于承丘。 |
| 桓公二年 | 前684 | 谭 | 军事 | 齐师灭谭。 |
| 桓公三年 | 前683 | 周 | 联姻 | 冬，齐侯来逆共姬。 |
| 桓公五年 | 前681 | 宋、陈、蔡、邾 | 会盟 | 会于北杏，以平宋乱。 |
| | | 遂 | 军事 | 北杏之会，遂人不至。夏，齐人灭遂而戍之。 |
| | | 鲁 | 会盟 | 盟于柯，始及齐平也。 |
| 桓公六年 | 前680 | 周、陈、曹 | 军事 | 诸侯伐宋，齐请师于周。 |
| | | 周、宋、卫、郑 | 会盟 | 会于鄄，宋服故也。 |
| 桓公七年 | 前679 | 宋、陈、卫、郑 | 会盟 | 复会焉，齐始霸也。 |
| | | 宋、邾 | 军事 | 诸侯为宋伐郳。 |

| 齐国纪年 | 时间（公元） | 参与国家 | 对外关系形式 | 事　件 |
|---|---|---|---|---|
| 桓公八年 | 前 678 | 宋、卫 | 军事 | 诸侯伐郑，宋故也。 |
| | | 鲁、宋、陈、卫、郑、许、滑、滕 | 会盟 | 同盟于幽，郑成也。 |
| 桓公九年 | 前 677 | 郑 | 军事 | 齐人执郑詹，郑不朝也。 |
| 桓公十一年 | 前 675 | 鲁、宋 | 会盟 | （经）（鲁）公子结媵陈人之妇于鄄，遂及齐侯、宋公盟。 |
| | | 宋、陈、鲁 | 军事 | 伐我西鄙。 |
| 桓公十二年 | 前 674 | 戎 | 军事 | （经）冬，齐人伐戎。 |
| 桓公十六年 | 前 670 | 鲁 | 联姻 | 秋，哀姜至。公使宗妇觌，用币，非礼也。 |
| 桓公十九年 | 前 667 | 鲁、宋、陈、郑 | 会盟 | 同盟于幽，陈、郑服也。 |
| | | 周 | 军事 | 王使召伯廖赐齐侯命，且请伐卫，以其立子颓也。 |
| 桓公二十年 | 前 666 | 周、卫 | 军事 | 齐侯伐卫。战，败卫师。数之以王命。 |
| 桓公二十年 | 前 666 | 鲁、宋、郑、楚 | 军事 | 楚伐郑，诸侯救郑。 |
| | | 鲁 | 告籴 | 冬，饥，臧孙辰告籴于齐，礼也。 |
| 桓公二十二年 | 前 664 | 鲁 | 军事 | 谋山戎也。以其病燕故也。 |

续　表

| 齐国纪年 | 时间<br>（公元） | 参与国家 | 对外<br>关系<br>形式 | 事　件 |
|---|---|---|---|---|
| 桓公二十四年 | 前662 | 诸侯 | 会盟 | 齐侯为楚伐郑之故，请会于诸侯。 |
| 桓公二十五年 | 前661 | 邢、狄 | 军事 | 狄人伐邢，齐人救邢。 |
| | | 鲁 | 省难 | 齐仲孙湫来省难。 |
| | | 鲁 | | 齐人立鲁闵公，杀哀姜。 |
| 桓公二十七年 | 前659 | 宋、曹 | 军事 | 诸侯救邢。<br>邢迁夷仪，诸侯城之，救患也。 |
| | | 郑、楚 | 会盟 | 楚人伐郑，郑即齐故也。盟于荦，谋救郑。 |
| 桓公二十八年 | 前658 | 诸侯 | 城戍 | 诸侯城楚丘而封卫。 |
| | | 宋、江、黄 | 会盟 | 盟于贯，服江、黄也。 |
| 桓公二十九年 | 前657 | 宋、江、黄 | 会盟 | 会于阳榖，谋伐楚。 |
| | | 鲁 | 寻盟 | 齐侯为阳榖之会来寻盟。公子友如齐涖盟。 |

| 齐国纪年 | 时间（公元） | 参与国家 | 对外关系形式 | 事 件 |
|---|---|---|---|---|
| 桓公三十年 | 前 656 | 鲁、宋、陈、卫、郑、许、曹、楚 | 军事 | 齐侯以诸侯之师侵蔡，伐楚。 |
| | | 楚 | 会盟 | 屈完及诸侯盟于召陵 |
| | | 陈 | 军事 | 齐人执陈辕涛涂。秋，伐陈，讨不忠也。 |
| | | 许 | 尊礼 | 许穆公卒于师，葬之以侯，礼也。 |
| 桓公三十年 | 前 656 | 鲁、宋、卫、郑、许、曹 | 军事 | 叔孙戴伯（公孙兹）帅师会诸侯之师侵陈。陈成，归辕涛涂。 |
| 桓公三十一年 | 前 655 | 周、鲁、宋、陈、卫、郑、许、曹 | 会盟 | 会于首止，会王太子郑，谋宁周也。秋，诸侯盟。郑逃归不盟。 |
| | | 江、黄、道、柏方 | 联姻 | 江、黄、道、柏方睦于齐，皆弦姻也。 |
| 桓公三十二年 | 前 654 | 鲁、宋、陈、卫、曹 | 军事 | 诸侯伐郑，以其逃首止之盟故也。 |
| | | 诸侯，楚、郑 | 军事 | 楚子围许以救郑，诸侯救许，乃还。 |
| 桓公三十三年 | 前 653 | 郑 | 军事 | 齐人伐郑。郑杀申侯以说于齐，且用陈辕涛涂之谮也。 |
| | | 郑 | 会盟 | 盟于宁母，谋郑故也。 |
| 桓公三十四年 | 前 652 | 周、鲁、宋、卫、许、曹、陈、郑 | 会盟 | 盟于洮，谋王室也。郑伯乞盟，请服也。 |

| 齐国纪年 | 时间（公元） | 参与国家 | 对外关系形式 | 事　件 |
|---|---|---|---|---|
| 桓公三十五年 | 前651 | 周、鲁、宋、卫、郑、许、曹 | 会盟 | 会于葵丘，寻盟，且修好，礼也。王使宰孔赐齐侯胙。 |
| | | | 会盟 | 齐侯盟诸侯于葵丘，曰：凡我同盟之人，既盟之后，言归于好。 |
| | | 晋 | 军事 | 齐侯以诸侯之师伐晋，及高粱而还，讨晋乱也。 |
| | | 秦、晋 | 军事 | 齐隰朋帅师会秦师，纳晋惠公。 |
| 桓公三十八年 | 前648 | 诸侯 | 城戍 | 诸侯城卫楚丘之郛，惧狄难也。 |
| | | 周、晋 | 军事 | 齐侯使管夷吾平戎于王，使隰朋平戎于晋。 |
| 桓公三十九年 | 前647 | 周 | 聘 | 齐侯使仲孙湫聘于周，且言王子带。事毕，不与王言。 |
| | | 鲁、宋、陈、卫、郑、许、曹、淮夷 | 会盟 | 会于咸，淮夷病杞故，且谋王室也。 |
| | | 周 | 戍周 | 为戎难故，诸侯戍周，齐仲孙湫致之。 |
| 桓公四十年 | 前646 | 诸侯 | 迁城 | 诸侯城缘陵而迁杞。 |

| 齐国纪年 | 时间<br>（公元） | 参与国家 | 对外<br>关系<br>形式 | 事　件 |
|---|---|---|---|---|
| 桓公四十一年 | 前645 | 鲁、宋、陈、卫、郑、许、曹、徐、厉 | 军事 | 楚人伐徐，徐即诸夏故也。盟于牡丘，寻葵丘之盟，伐厉，以救徐也。 |
| | | 周、诸侯、戎 | 成周 | 王以戎难告于齐。齐征诸侯而成周。 |
| | | 鲁、宋、陈、卫、郑、许、邢、曹 | 会盟 | 会于淮，谋鄫，且东略也。 |
| | | 鲁 | 军事 | 鲁公未与淮之会而取项，桓公讨而执之 |
| | | 鲁 | 会盟 | 声姜以公故，会齐侯于卞。 |
| 孝公元年 | 前642 | 宋 | 军事 | 宋襄公以诸侯伐齐。宋败齐师于甗，立孝公而还。 |
| 孝公二年 | 前641 | 陈 | 会盟 | 陈穆公请修好于诸侯，以无忘齐桓之德。盟于齐，修桓公之好。 |
| 孝公四年 | 前639 | 宋、楚 | 会盟 | 鹿上之盟。 |
| 孝公六年 | 前637 | 宋 | 军事 | 齐侯伐宋，围缗，以讨其不与盟于齐也。 |
| | | 晋 | 联姻 | 重耳及于晋献公之难逃奔，曾适齐，齐桓公妻之 |
| 孝公九年 | 前634 | 鲁 | 军事 | 齐师侵我西鄙，讨是二盟也。 |

| 齐国纪年 | 时间（公元） | 参与国家 | 对外关系形式 | 事　件 |
|---|---|---|---|---|
| 孝公九年 | 前 634 | 鲁、卫 | 军事 | 齐孝公伐我北鄙。卫人伐齐，洮之盟故也。 |
| | | 鲁、楚、宋 | 军事 | 东门襄仲、臧文仲如楚乞师，臧孙见子玉而道之伐齐、宋，以其不臣也。 |
| | | 鲁、楚 | 军事 | 公以楚师伐齐。 |
| 昭公元年 | 前 632 | 晋 | 会盟 | 晋侯、齐侯盟于敛盂。 |
| | | 晋、宋、秦、楚 | 军事 | 战于城濮，楚师败绩。 |
| | | 鲁、晋、宋、蔡、郑、卫、莒 | 会盟 | 践土之盟。 |
| | | 周、晋、宋、秦 | 会盟 | 王子虎盟诸侯于王庭， |
| | | 鲁、晋、宋、蔡、郑、陈、莒、邾 | 会盟 | 会于温，讨不服也。 |
| 昭公二年 | 前 631 | 周、鲁、晋、宋、陈、秦 | 会盟 | 盟于翟泉，寻践土之盟，且谋伐郑也。 |
| 昭公六年 | 前 627 | 鲁 | 聘 | 齐国庄子来聘，自郊劳至于赠贿，礼成而加之以敏。 |
| | | 鲁 | 朝 | 公如齐朝，且吊有狄师也。 |
| 昭公七年 | 前 626 | 鲁 | 聘 | 穆伯如齐，始聘焉，礼也。 |

| 齐国纪年 | 时间（公元） | 参与国家 | 对外关系形式 | 事　件 |
|---|---|---|---|---|
| 昭公十年 | 前 623 | 鲁 | 联姻 | 逆妇姜于齐，卿不行，非礼也。 |
| 昭公十三年 | 前 620 | 宋、卫、陈、郑、许、曹、晋 | 会盟 | 诸侯会晋赵盾盟于扈，晋侯立故也。 |
| 昭公二十年 | 前 613 | 鲁 | 联姻 | 子叔姬妃齐昭公。 |
| | | 鲁 | 军事 | 齐人侵我西鄙。 |
| | | 晋、宋、卫、蔡、郑、许、曹 | 会盟 | 盟于扈，寻新城之盟，且谋伐齐也。齐人赂晋侯，故不克而还。 |
| | | 鲁 | 军事 | 齐侯侵我西鄙，遂伐曹，讨其来朝也。 |
| 懿公二年 | 前 611 | 鲁 | 会盟 | 及齐平。公有疾，使季文子会齐侯于阳谷。请盟，齐侯不肯。 |
| | | 鲁 | 会盟 | 鲁文公使襄仲纳赂于齐侯，故盟于郪丘。 |
| 懿公三年 | 前 610 | 鲁 | 会盟 | 齐侯伐我北鄙，襄仲请盟。盟于穀。 |
| 懿公四年 | 前 609 | 鲁 | 干涉 | 襄仲杀嫡立庶，齐侯新立而欲亲鲁，许之。 |
| 惠公元年 | 前 608 | 鲁 | 联姻 | 公子遂如齐逆女。尊君命也。 |
| | | 鲁 | 会盟 | 会于平州，以定公位。 |
| 惠公五年 | 前 604 | 鲁 | 联姻 | 齐高固来逆叔姬。自逆也。 |

| 齐国纪年 | 时间（公元） | 参与国家 | 对外关系形式 | 事　件 |
|---|---|---|---|---|
| 惠公六年 | 前603 | 周 | 联姻 | 定王求后于齐。召桓公逆王后于齐。 |
| 惠公七年 | 前602 | 鲁、莱 | 军事 | 夏，公会齐侯伐莱，不与谋也。 |
| 惠公十年 | 前599 | 鲁 | 报聘 | 国武子来报聘。 |
| 顷公三年 | 前596 | 莒 | 军事 | 齐师伐莒，莒恃晋而不事齐故也。 |
| 顷公四年 | 前595 | 楚 | 聘 | 楚子使申舟聘于齐。 |
|  |  | 鲁 | 会盟 | 鲁会齐侯于穀。 |
| 顷公七年 | 前592 | 晋 | 征会 | 晋侯使郤克征会于齐，郤克受辱。 |
|  |  | 晋 | 会盟 | 会于断道，讨贰也。盟于卷楚，辞齐人。晋人执晏弱于野王，执蔡朝，执南郭偃。 |
| 顷公八年 | 前591 | 晋、卫 | 军事会盟 | 晋侯、卫大子臧伐齐。齐侯会晋侯盟于缯，以公子强为质于晋。 |
| 顷公十年 | 前589 | 鲁 | 军事 | 齐侯伐我北鄙 |
|  |  | 卫 | 军事 | 卫侵齐，战于新筑，卫师败绩。 |
|  |  | 晋 | 军事 | 齐晋鞌之战，齐师败。 |
|  |  | 晋 | 会盟 | 晋师及齐国佐盟于爰娄，使齐人归我汶阳之田。 |
|  |  | 鲁、楚、蔡、许、秦、宋、陈、卫、郑 | 会盟 | 诸侯盟于蜀。 |

| 齐国纪年 | 时间（公元） | 参与国家 | 对外关系形式 | 事 件 |
|---|---|---|---|---|
| 顷公十一年 | 前 588 | 晋 | 朝 | 齐侯朝于晋，晋侯享齐侯。 |
| 顷公十三年 | 前 586 | 晋 | 联姻 | 晋荀首如齐逆女。 |
| | | 鲁、晋、宋、卫、郑、曹、邾、杞 | 会盟 | 同盟于虫牢，郑服也。 |
| 顷公十五年 | 前 584 | 鲁、晋、宋、卫、曹、莒、邾、杞、郑、楚 | 军事 | 楚伐郑，诸侯救郑。 |
| | | 鲁、晋、宋、卫、曹、莒、邾、杞、郑 | 会盟 | 同盟于马陵，寻虫牢之盟，且莒服故也。 |
| 顷公十七年 | 前 582 | 鲁、晋、宋、卫、郑、曹、莒、杞 | 会盟 | 诸侯贰于晋。晋人惧，会于蒲，寻马陵之盟。 |
| 灵公元年 | 前 581 | 鲁、晋、宋、卫、曹 | 军事 | 郑乱，晋会诸侯伐郑以定乱。 |
| 灵公二年 | 前 580 | 鲁 | 聘 | 宣伯（叔孙侨如）聘于齐，以修前好。 |
| 灵公四年 | 前 578 | 周、鲁、晋、宋、卫、郑、曹、邾、滕、秦 | 朝王军事 | 公及诸侯朝王，遂从刘康公、成肃公会晋侯伐秦。 |
| 灵公五年 | 前 577 | 鲁 | 联姻 | 宣伯如齐逆女。 |

| 齐国纪年 | 时间（公元） | 参与国家 | 对外关系形式 | 事　件 |
|---|---|---|---|---|
| 灵公六年 | 前 576 | 鲁、晋、卫、郑、曹、宋、邾 | 会盟 | 会于戚，讨曹成公也。 |
| | | 鲁、晋、宋、卫、郑、邾、吴 | 会盟 | 会吴于钟离，始通吴也。 |
| 灵公七年 | 前 575 | 晋、鲁、卫、楚、郑 | 军事 | 郑叛晋，晋伐郑，楚救之，战于鄢陵。齐国佐、高无咎至于师。楚子、郑师败绩。 |
| | | 鲁、晋、卫、宋、邾，郑 | 会盟 | 会于沙随，谋伐郑也。 |
| | | 鲁、尹、晋、卫、宋、邾、郑 | 军事 | 公会尹武公及诸侯伐郑。 |
| 灵公八年 | 前 574 | 鲁、尹、单、晋、宋、卫、曹、邾 | 军事 | 公会尹武公、单襄公及诸侯伐郑，自戏童至于曲洧。 |
| | | 鲁、尹、单、晋、宋、卫、曹、邾 | 会盟 | 同盟于柯陵，寻戚之盟也。 |
| 灵公九年 | 前 573 | 鲁、晋、宋、卫、邾 | 会盟 | 诸侯会于虚朾，谋救宋也。 |
| | | 晋、鲁、曹、邾、杞 | 会盟 | 晋韩厥、荀偃帅诸侯之师伐郑。于是东诸侯之师次于鄫，以待晋师。晋师自郑以鄫之师侵楚焦夷及陈。 |

| 齐国纪年 | 时间<br>（公元） | 参与国家 | 对外<br>关系<br>形式 | 事　件 |
|---|---|---|---|---|
| 灵公十一年 | 前571 | 鲁、晋、宋、卫、曹、邾、滕、薛、小邾 | 会盟 | 会于戚，谋郑故也。齐未来。滕、薛、小邾之不至，皆齐故也。事未成。 |
| | | 鲁、晋、宋、卫、曹、邾、滕、薛、小邾 | 会盟 | 冬，复会于戚，齐及滕、薛、小邾人皆会，遂城虎牢，郑人乃成。 |
| 灵公十二年 | 前570 | 晋 | 会盟 | 晋为郑服故，且欲修吴好，将合诸侯。使告于齐。盟于耏外。 |
| | | 鲁、单、晋、宋、卫、郑、莒、邾 | 会盟 | 公会单顷公及诸侯。己未，同盟于鸡泽。 |
| | | 鲁、单、晋、宋、卫、郑、莒、邾、陈 | 会盟 | 叔孙豹及诸侯之大夫及陈袁侨盟，陈请服。 |
| 灵公十四年 | 前568 | 鲁、晋、宋、陈、卫、郑、曹、莒、邾、滕、薛、吴、鄫 | 会盟 | 盟于戚，会吴，且命戍陈也。 |
| | | 鲁、晋、宋、卫、郑、曹、莒、邾、滕、薛 | 会盟 | 诸侯戍陈。楚伐陈。会于城棣以救之。 |
| 灵公十七年 | 前565 | 鲁、晋、郑、宋、卫、邾 | 会盟 | 会于邢丘，以命朝聘之数，使诸侯之大夫听命。 |
| 灵公十九年 | 前563 | 鲁、晋、宋卫、曹、莒、邾、滕、薛、杞、小邾、吴 | 会盟 | 会于柤，会吴子寿梦也。 |

| 齐国纪年 | 时间（公元） | 参与国家 | 对外关系形式 | 事 件 |
|---|---|---|---|---|
| 灵公十九年 | 前563 | 诸侯 | 会盟 | 齐高厚相大子光以先会诸侯于钟离，不敬。 |
| | | 鲁、晋、宋卫、曹、莒、邾、滕、薛、杞、小邾 | 军事 | 诸侯伐郑。 |
| 灵公二十年 | 前562 | 鲁、晋、宋卫、曹、莒、邾、滕、薛、杞、小邾，郑 | 军事会盟 | 诸侯伐郑。郑人惧，乃行成。秋七月，同盟于亳。 |
| | | 鲁、晋、宋卫、曹、莒、邾、滕、薛、杞、小邾，郑 | 军事会盟 | 诸侯悉师以复伐郑。郑人行成。会于萧鱼。 |
| 灵公二十一年 | 前561 | 周 | 联姻 | 灵王求后于齐。齐侯许昏，王使阴里逆之。 |
| 灵公二十三年 | 前559 | 鲁、晋、宋卫、曹、莒、邾、滕、薛、杞、小邾吴 | 会盟 | 吴告败于晋。会于向，为吴谋楚故也。 |
| | | 鲁、晋、宋卫、郑、曹、莒、邾、滕、薛、杞、小邾、秦 | 军事 | 诸侯之大夫从晋侯伐秦，以报栎之役也。于是，齐崔杼、宋华阅、仲江会伐秦。 |
| | | 周 | 赐命 | 王使刘定公赐齐侯命 |
| | | 晋 | 贰 | 范宣子假羽毛于齐而弗归，齐人始贰。 |

| 齐国纪年 | 时间<br>（公元） | 参与国家 | 对外关系形式 | 事 件 |
|---|---|---|---|---|
| 灵公二十四年 | 前 558 | 鲁 | 军事 | 齐侯伐我北鄙，围成，贰于晋故。 |
| 灵公二十五年 | 前 557 | 鲁 | 军事 | 齐侯伐我北鄙，围郕。 |
| 灵公二十六年 | 前 556 | 鲁 | 军事 | 齐人以其未得志于我故，伐我北鄙，围桃。 |
| 灵公二十七年 | 前 555 | 鲁 | 军事 | 齐侯伐我北鄙。 |
|  |  | 鲁、晋、宋卫、郑、曹、莒、邾、滕、薛、杞、小邾 | 军事 | 晋侯伐齐。会于鲁济，同伐齐。诸侯之师入平阴，遂从齐师。攻之临淄城。 |
| 灵公二十八年 | 前 554 | 晋、卫 | 军事 | 晋帅师从卫伐齐。 |
|  |  | 晋 | 会盟 | 齐及晋平，盟于大隧。齐犹不承命。 |
| 庄公元年 | 前 553 | 鲁、晋、宋卫、郑、曹、莒、邾、滕、薛、杞、小邾 | 会盟 | 盟于澶渊，齐成故也。 |
| 庄公二年 | 前 552 | 鲁、晋、宋卫、郑、曹、莒、邾 | 会盟 | 会于商任，锢栾氏也。齐侯、卫侯不敬。 |

续　表

| 齐国纪年 | 时间（公元） | 参与国家 | 对外关系形式 | 事　件 |
|---|---|---|---|---|
| 庄公三年 | 前551 | 鲁、晋、宋卫、郑、曹、莒、邾、薛、杞、小邾 | 会盟 | 会于沙随，复锢栾氏。 |
|  |  | 卫 | 军事 | 齐侯伐卫。 |
|  |  | 晋 | 军事 | 齐侯遂伐晋，取朝歌。以报平阴之役， |
|  |  | 莒 | 军事 | 齐侯还自晋，遂袭莒。莒子行成。 |
| 庄公五年 | 前549 | 鲁 | 战争 | 孟孝伯（仲孙羯）侵齐，晋故也。 |
|  |  | 楚 | 聘 | 齐侯伐晋而惧，见楚子。楚如齐聘且请期。 |
|  |  | 楚 | 军事 | 齐侯闻将有晋师，如楚乞师。 |
| 庄公六年 | 前548 | 鲁 | 军事 | 齐伐我北鄙。 |
|  |  | 鲁、晋、宋卫、郑、曹、莒、邾、滕、薛、杞、小邾 | 会盟军事 | 会于夷仪，伐齐，以报朝歌之役。赂晋侯以还。 |
|  |  | 鲁、晋、宋卫、郑、曹、莒、邾、滕、薛、杞、小邾 | 会盟 | 同盟于重丘，齐成故也。 |
|  |  | 莒 | 朝 | 莒子朝于齐。 |

| 齐国纪年 | 时间<br>（公元） | 参与国家 | 对外<br>关系<br>形式 | 事 件 |
|---|---|---|---|---|
| 景公元年 | 前547 | 郑、晋 | 如 | 齐侯、郑伯为卫侯故，如晋，晋侯许归卫侯。 |
|  |  | 卫 | 聘 | （卫）孙文子在戚，孙嘉聘于齐， |
| 景公二年 | 前546 | 鲁 | 聘 | 齐庆封来聘。 |
|  |  | 诸侯 | 弭兵<br>之会 | 宋公及诸侯之大夫盟于蒙门之外。 |
| 景公三年 | 前545 | 陈、蔡、北燕、杞、胡、沈、白狄 | 朝 | 朝于晋，宋之盟故也。 |
| 景公四年 | 前544 | 吴 | 聘 | 吴季札出聘，通嗣君也。故遂聘于齐。 |
| 景公五年 | 前543 | 鲁、晋、宋卫、郑、小邾 | 会盟 | 为宋灾故，诸侯之大夫会于澶渊，以谋归宋财。 |
| 景公七年 | 前541 | 鲁、晋、楚、宋、卫、陈、蔡、郑、许、曹 | 会盟 | 会于虢，寻宋之盟也。 |
| 景公八年 | 前540 | 晋 | 联姻 | 韩宣子遂如齐纳币，夏，如齐逆女。 |
| 景公九年 | 前539 | 晋 | 联姻 | 齐请继室于晋，昏既成，晋韩起如齐逆女。 |
| 景公十一年 | 前537 | 郑 | 联姻 | 郑罕虎如齐，娶于子尾氏。 |
| 景公十二年 | 前536 | 晋、北燕 | 军事 | 齐侯如晋，请伐北燕也。晋许之。遂伐北燕，将纳简公。 |

| 齐国纪年 | 时间（公元） | 参与国家 | 对外关系形式 | 事 件 |
|---|---|---|---|---|
| 景公十五年 | 前 533 | 晋 | 联姻 | 晋荀盈如齐逆女。 |
| | | 鲁 | 聘 | 孟僖子（仲孙貜）如齐殷聘，礼也。 |
| 景公十六年 | 前 532 | 鲁、宋、卫、郑、许、曹、莒、邾、薛、杞、小邾 | 如葬 | 晋平公卒。诸侯如晋，葬平公也。 |
| 景公十七年 | 前 531 | 鲁、晋、宋、卫、郑、曹、杞、蔡、楚 | 会盟 | 会于厥憖，谋救蔡也。 |
| 景公十八年 | 前 530 | 北燕 | 纳君 | 齐纳北燕伯款于唐 |
| | | 卫、郑、晋 | 朝 | 诸侯如晋，朝嗣君也。晋侯以齐侯宴， |
| 景公十九年 | 前 529 | 诸侯 | 朝 | 晋成虒祁，诸侯朝而归者皆有贰心。 |
| | | 鲁、刘、晋、宋卫、郑、曹、莒、邾、滕、薛、杞、小邾 | 会盟 | 晋合诸侯于平丘。 |
| | | 晋 | 不盟 | 晋人将寻盟，齐人有贰，不可。 |
| | | 刘、晋、宋卫、郑、曹、莒、邾、滕、薛、杞、小邾 | 会盟 | 同盟于平丘，齐服也。 |

| 齐国纪年 | 时间（公元） | 参与国家 | 对外关系形式 | 事　件 |
|---|---|---|---|---|
| 景公二十二年 | 前526 | 徐、郯、莒 | 军事会盟 | 齐侯伐徐，徐人行成。盟于蒲隧。 |
| 景公二十五年 | 前523 | 莒 | 军事 | 齐高发帅师伐莒。莒子奔纪鄣。齐师入纪。 |
| 景公二十六年 | 前522 | 卫 | 聘 | 齐侯使使聘于卫。 |
| 景公二十七年 | 前521 | 宋、吴 | 军事 | 宋华登以吴师救华氏。齐戍宋。齐师、宋师败吴师于鸿口。 |
| | | 曹、晋、卫 | 军事 | 救宋。与华氏战于赭丘。大败华氏。 |
| 景公二十八年 | 前520 | 莒 | 军事 | 齐伐莒，盟稷门之外。 |
| 景公三十二年 | 前516 | 鲁 | 军事 | 齐侯取郓。 |
| | | 鲁 | 纳公 | 齐侯将纳公，季世家臣赂梁丘据而阻之。 |
| | | 鲁 | 军事 | 师及齐师战于炊鼻。 |
| | | 鲁、莒、邾、杞 | 会盟 | 盟于鄟陵，谋纳公也。 |
| 景公三十五年 | 前513 | 鲁 | 唁公 | 齐侯使高张来唁公，称主君。 |
| 景公三十八年 | 前510 | 周、鲁、晋、宋卫、郑、曹、莒、薛、杞、小邾 | 会盟 | 晋合诸侯之大夫于狄泉，寻盟，且令城成周。 |

| 齐国纪年 | 时间（公元） | 参与国家 | 对外关系形式 | 事 件 |
|---|---|---|---|---|
| 景公三十九年 | 前 509 | 周、鲁、晋、宋卫、郑、曹、莒、薛、杞、小邾 | 城成周 | 晋合诸侯之大夫于狄泉，将以城成周。城毕，乃归诸侯之戍。齐高张后，不从诸侯。 |
| 景公四十二年 | 前 506 | 周、鲁、晋、宋、蔡、卫、陈、郑、许、曹、莒、邾、顿、胡、滕、薛、杞、小邾 | 会盟 | 诸侯合于召陵，谋伐楚。五月，盟于皋鼬。 |
| | | 鲁 | 军事 | 齐国夏伐我。 |
| 景公四十六年 | 前 502 | 鲁 | 军事 | 鲁侵齐，门于阳州，攻廪丘之郛。 |
| | | 鲁 | 军事 | 齐伐我西鄙。 |
| 景公四十七年 | 前 501 | 晋 | 军事 | 齐侯伐晋夷仪，克之。 |
| 景公四十八年 | 前 500 | 鲁 | 会盟 | 及齐平。会齐于夹谷。 |
| | | 鲁 | 聘 | 武叔（叔孙州仇）聘于齐，谢致郈也。 |
| 景公五十二年 | 前 496 | 鲁、卫 | 会盟 | 会于脾、上梁之间，谋救范、中行氏。 |
| 景公五十四年 | 前 494 | 卫、鲁、鲜虞 | 会盟军事 | 齐、卫会于乾侯，救范氏也，师及齐师、卫孔圉、鲜虞人伐晋， |
| 景公五十七年 | 前 491 | 卫、晋 | 军事 | 齐、卫救范氏，伐晋。 |

| 齐国纪年 | 时间<br>（公元） | 参与国家 | 对外<br>关系<br>形式 | 事 件 |
|---|---|---|---|---|
| 悼公二年 | 前487 | 鲁 | 联姻 | 季康子以妹妻悼公，及即位而逆之。孽。 |
| | | 鲁 | 军事 | 齐师伐我，取讙及阐。 |
| | | 鲁 | 涖盟 | 及齐平，如齐涖盟，齐来涖盟。 |
| 悼公四年 | 前485 | 鲁、吴、邾、郯 | 军事 | 公会吴子、邾子、郯子伐齐南鄙，齐人败之，吴师乃还。 |
| | | 晋 | 军事 | 赵鞅帅师伐齐。 |
| 简公元年 | 前484 | 鲁 | 军事 | 齐为鄎故，伐我，战丁郊，齐人不能师。 |
| | | 鲁、吴 | 军事 | 为郊战故，公会吴子伐齐。战于艾陵，大败齐师。 |

# 后 记

　　这本小书是在我的硕士论文基础上修改完善而成的。自硕士毕业至今已有六余春秋，回首过往，硕士期间的点点滴滴一幕幕又涌上心头，沉淀成为记忆里的碎片，深埋心底。这注定是人生中一段美好的回忆，是一笔宝贵财富。硕士毕业之后，有幸继续读博深造，所学专业由历史学转向文学，由于研究方向的变化，对这本书稿的深入研究和继续修改便被搁置起来。如今这本书稿有幸出版，甚是欣慰。再次拿起这本书稿，内心百感交集，不胜感慨。

　　最先要感谢的是我的硕士研究生导师张磊先生，真诚地感谢我的导师对我学业和生活无微不至的关怀和帮助。当初论文是在恩师的殷切关怀和耐心指导下进行并完成的。老师开阔的学术视野、严肃的治学态度、严谨的治学精神和精益求精的工作精神深深地感染并鼓励着我，当初在论文题目的选定、文献资料的整理、整体写作及修改过程中，老师始终都给予了我耐心细致的指导和不懈的支持，这其中无不凝结着恩师的心血和汗水。攻读硕士期间，老师不仅传授我以知识，为我营造了优越的学习、科研环境，使我自由翱翔于知识的海洋，而且还在生活上、思想上给予我谆谆教诲和悉心关怀，这些必将是激励我不断前进的巨大动力。老师对我说研究先秦史需要坐得住冷板凳，需要付出更多的时间、经历和更多的努力才能有收获，虽然后来读博变了专业，但仍旧在先秦领域，只有后来经历了这段学习过程之后，才懂得老师的良苦用心。老师的学术和为人时刻是我学习的方向，在此谨向恩师致以诚挚的谢意和崇高的敬意！

感谢我的博士研究生导师江林昌先生，将我的学术之路引向了一个更高的位置。虽然由历史学转向了文学专业，但治学的方法与治学的态度是一以贯之的。老师在这方面为我树立了榜样，我每次去办公室都能见到老师的身影，无论刮风下雨，老师每天清晨都会一早就到办公室，晚上十点多老师办公室的灯还亮着，这让学生无比地钦佩。老师不厌其烦地教导我要静下心来读书，每天有保证10个小时的读书时间，做学问是一辈子的事情，要有恒心有毅力，吃得其中的苦，品得其中的甜。老师在学术上孜孜不倦，辛勤耕耘，让人肃然起敬。老师言传身教，更让我终身受益。在此谨向恩师致以诚挚的谢意和崇高的敬意！

在本书的写作过程中，我得到了齐鲁文化研究院许多老师的指导和帮助，受益良多，深表感谢。在齐鲁文化研究院3年的教育和熏陶，让我不断成长、不断进步，成为我难以割舍的情缘，在此对学院和老师们的精心付出和苦心培养表达深深的感激之情。

回首研究生3年的时光，师门之间的情谊也是难以忘却的，在此感谢我的同门兄弟姐妹。梁园园师姐、王绍之、王海霞师妹、邱义师弟、赵琦师妹，你们像家人一样鼓励我、照顾我，正是由于你们的帮助和支持，才使我克服一个又一个的难关，顺利地完成论文。还要由衷地感谢我的213的一起奋斗的室友兄弟们，王聪、秦湘宇、魏龙，无论是在生活上还是在学习中都给予了我很大的鼓励和帮助，你们是我一辈子的好兄弟！

行文至此，颇为感谢，回首三十余载，最应该感谢的是我的默默支持不求回报的父母，感谢父母坚定地站在我的身后给予我最大的包容、支持和鼓励。是他们在背后坚定地支持我，做我永远坚实的后盾。无论如何，家人永远是我前进的最大动力。

此书稿是我踏上学术之路的一个最初阶段的成果，肯定有许多不成熟和不完善的方面，希望在以后有机会能将其不断扩充完善。谨以此书稿，慰藉过去自己所付出的努力，也激励自己在未来的岁月里能不断努力、不断进取。